MÉDITER AVEC.....

LES CRISTAUX

enfin une methode facile et accessible!

FLORENCE SEMUR-SEIGNEURIC

Édition : BoD · Books on Demand GmbH,
In de Tarpen 42, 22848 Norderstedt
(Allemagne)
Impression : Libri Plureos GmbH,
Friedensallee 273, 22763 Hamburg
(Allemagne)
ISBN : 978-2-3225-3491-3
Dépôt légal : Décembre 2024

SOMMAIRE

POURQUOI MÉDITER AVEC DES CRISTAUX ?

La méditation est une pratique extrêmement populaire aujourd'hui, tout comme l'engouement pour les cristaux. N'auriez-vous pas croisé, juste dans cette journée, au moins une personne portant un bracelet ou un pendentif en labradorite, quartz rose ou améthyste? Peut-être vous-même en ce moment, en portez vous un au poignet ou autour du cou ! Je vous rassure : moi aussi.

Il n'est donc pas étonnant d'associer la méditation aux cristaux, d'autant qu'elle remonte aux origines mêmes de leur usage.

La méditation consiste à laisser les énergies de l'univers nous traverser tout en les absorbant et en essayant de ne faire qu'un avec elles. Les techniques sont très variées, impliquant ou non un support. La finalité de la méditation peut différer selon les techniques utilisées, mais on retrouve dans toutes ses variantes les mêmes désirs de se recentrer afin de rencontrer son être intérieur, d'apaiser son mental, de soulager ses maux.

Les cristaux peuvent nous aider à mieux cibler les objectifs de notre méditation et à atteindre ceux-ci plus rapidement grâce à leurs propriétés propres. Si nous sommes particulièrement attiré(e) par un cristal, ou si nous souhaitons régler une problématique particulière de notre vie, l'intégration de cristaux dans notre pratique de la méditation peut se révéler être une excellente idée.

L'utilisation de cristaux dans notre pratique méditative nous permet de progresser dans notre cheminement spirituel de différentes façons, selon le cristal choisi : en améliorant nos capacités de concentration, en orientant notre énergie dans une certaine direction, en nous aidant à équilibrer nos chakras, mais également en développant les liens entre nos différentes pratiques spirituelles.

C'est ce que nous verrons dans la première partie de cet ouvrage.

Si les cristaux nous permettent d'approfondir et d'améliorer notre pratique méditative, l'inverse est également vrai : la méditation peut également nous permettre d'approfondir notre lien avec notre cristal, d'augmenter notre compréhension de son énergie et de son impact sur nous. Je vous invite, lors d'une nouvelle acquisition d'un cristal, après l'avoir convenablement purifié et chargé (comme vous le verrez plus loin), à vous relier très simplement à lui en le prenant dans votre main lors d'une méditation. Comment vous sentez-vous avec ce cristal ? Avez-vous des pensées particulières qui vous viennent à l'esprit ? Quel est l'effet de ce cristal sur vous ? Il est très intéressant de pratiquer ce type de méditation afin de développer une meilleure connaissance de sa sensibilité face aux différents cristaux, qui est, rappelons-le, tout à fait personnelle.

C'est ce que nous verrons en deuxième partie de ce livre.

MÉDITER EN SYNERGIE AVEC LES CRISTAUX...

Les vibrations des cristaux agissent à la manière d'une séance d'acupuncture, et pour un effet optimal, ces méditations doivent être répétées 2 à 3 fois (voire davantage en cas de besoin), avec des séances espacées d'environ 8 jours afin de ne pas surcharger le corps d'informations énergétiques.

Idéalement, nous avons besoin de 2 cristaux pour les méditations de cet ouvrage (sauf mentionné), un que l'on place dans une main et l'autre sur la zone concernée.

Vous n'en avez qu'un seul ? Ce n'est pas grave, posez-le simplement sur la zone mentionnée dans la méditation, si vous avez également un cristal de roche , vous pouvez prendre celui-ci dans votre main, il potentialisera l'effet de votre cristal.

MÉDITATION D'APAISEMENT DES TENSIONS (PHYSIQUES ET/OU PSYCHIQUES) RÉPARER NOS FISSURES AURIQUES

Les auras, à la manière des chakras, ont leur propre version du désalignement, que l'on appelle fissure aurique. Ce sont des points vulnérables au sein de notre aura qui risquent de laisser entrer des énergies négatives dans notre corps. Les cristaux nous sont utiles pour aider à combler ces fissures auriques.

Je choisis cette méditation si...

- J'ai besoin de me défaire d'états émotionnels négatifs : tracas de ma vie quotidienne, angoisses, colères…
- J'ai besoin de me défaire d'affections physiques.

Je choisis ce cristal si...

J'ai besoin de combler mes fissures auriques, de réparation de mon corps énergétique : Améthyste

J'ai besoin de nettoyer mon aura : Citrine

J'ai besoin de réparer mes blessures et me relier au moment présent : Cornaline

J'ai besoin de renforcer mon corps aurique, de développer mes capacités spirituelles : Cristal de roche

J'ai besoin de nettoyer mon aura, notamment des pollutions émotionnelles : Héliotrope

J'ai besoin d'une protection efficace des énergies négatives envoyées par mon entourage : Obsidienne larme d'apache

J'ai besoin de réparer mon corps énergétique tout en m'ancrant davantage : Magnétite

Je passe à l'action !

Je suis allongé(e), un cristal dans ma main dominante, l'autre posé sur mon 3ème œil. Mes yeux sont fermés. Je prends une inspiration profonde, je retiens l'air quelques instants, puis j'expire en ouvrant ma bouche. Je recommence cet exercice 3 fois de suite. (…)

À présent je reprends une respiration tout à fait libre, et j'observe le mouvement de va-et-vient de mon souffle. (…)

À chaque inspir, j'imagine une lumière blanche qui pénètre par mes narines et se diffuse dans tout mon corps. À chaque expir, j'imagine un brouillard gris que je rejette hors de moi, loin de moi. Ce brouillard gris représente toutes mes peurs, mes angoisses, mes appréhensions dont je n'ai plus besoin pour avancer. Je les laisse sortir et partir loin de moi. (…)

À présent, je reprends une respiration tout à fait libre. Je porte maintenant mon attention, ma conscience, sur mes doigts et j'imagine, je perçois une merveilleuse énergie de calme, de paix, de sérénité qui pénètre au niveau des doigts de mes deux mains, à droite, à gauche, qui remonte le long des paumes de mes mains, de mes poignets, de mes avant-bras, mes coudes, l'entièreté de mes bras, à droite, à gauche, mes épaules, provoquant une relaxation intense et profonde. Mes bras, à droite, à gauche, en partant du bout des doigts jusqu'aux épaules, sont profondément détendus, relâchés.

Cette merveilleuse énergie de calme, de paix, de sérénité, pénètre à présent au niveau de ma poitrine et descend lentement au niveau de mon ventre, de mon bas ventre, provoquant instantanément un relâchement complet de ces zones.

Cette merveilleuse énergie de calme, de paix, de sérénité s'écoule à présent au niveau de mes cuisses, à droite, à gauche, au niveau de mes genoux, à droite, à gauche, et arrive aux chevilles, aux pieds, la plante des pieds, le talon, les orteils, à droite, et à gauche. Mes deux jambes, droite et gauche, sont à présent totalement relâchées, détendues.

Cette merveilleuse énergie de calme, de paix, de sérénité s'écoule maintenant au niveau du bas de ma colonne vertébrale, vers le coccyx, et remonte lentement le long de chaque vertèbre, jusqu'au niveau de ma nuque. Je ressens comme une douce chaleur qui provoque une détente profonde de tout mon dos, en partant du bas, jusqu'au niveau de ma nuque.

Cette merveilleuse énergie de calme, de paix, de sérénité s'écoule à présent au niveau de ma tête, elle part de la nuque, remonte sur la partie arrière du cuir chevelu, passe par le sommet de mon crâne, puis redescend le long de mon visage, au niveau de mon front, mes sourcils, à droite, à gauche, mes paupières droite, gauche, mes joues à droite, à gauche, mes mâchoires s'entrouvrent, ma langue s'appuie doucement sur le palais, mon menton descend un peu, ma gorge est souple et déliée.

Mon corps est à présent complètement relâché, détendu, calme. Je suis complètement détendu(e), calme, en paix et serein(e).

Mon esprit apaisé reste dans la conscience du moment présent, éveillé, à l'écoute de mes sensations. Mon attention se porte à présent sur la sensation du cristal posé dans ma main, ainsi que sur celui posé sur mon 3ème œil ou ma poitrine.

Petit à petit, je ressens ce cristal pulser dans la paume de ma main, une douce vibration légère, cristalline. Ma main détendue, relaxée ressent en profondeur cette vibration du cristal et elle se met à pulser de façon douce et légère.

Cette vibration s'étend maintenant à mon avant-bras, tout mon bras jusqu'à mon épaule, et se propage dans les différentes parties de mon corps. Je ressens cette vibration profonde envahir petit à petit chaque partie de mon corps : mon thorax, mon autre bras, mon abdomen, mes jambes, ma tête...

Je deviens cristal... Je deviens lumière... Et je suis à présent cette vibration du cristal, derrière mes yeux fermés va apparaître une couleur, cette couleur correspond à la couleur de mon corps énergétique, mon aura. Je suis complètement immergé(e) dans cette couleur, cette couleur envahit ma conscience.

À présent je me déplace consciemment dans mon corps énergétique, depuis le haut de ma tête jusqu'à mes pieds, et j'observe qu'il y a peut-être des zones qui ont des teintes différentes de la couleur de base...ou qui sont très sombres...

Je déplace alors ma conscience vers cette zone, qui peut-être ne fonctionne pas très bien... Je me dirige vers elle en pensée, je ressens peut-être au niveau de cette partie de mon corps une sensation particulière, un fourmillement, un picotement, une sensation de chaleur, de fraîcheur, ou autre...

Pour estomper, effacer cette couleur altérée, je vais consciemment y envoyer une lumière de guérison, une belle lumière blanche ou dorée, aidé(e) par l'énergie de mon cristal. Je vais laisser mon attention porter sur cette zone altérée, peut-être douloureuse, et en même temps mon attention va se porter sur mon 3ème œil, sur le cristal posé sur cette zone du 3ème œil. Une sensation semblable à une douce vibration va envahir cette zone, et petit à petit, cette sensation va s'étendre à mon front.

Cette douce vibration au niveau du front va s'intensifier et je vais pouvoir envoyer, à partir de cette zone du 3ème œil, une lumière de guérison jusqu'au niveau de la partie altérée de mon corps. Cette lumière de guérison est souvent de couleur blanche, rose brillant ou dorée, mais elle peut également être d'une autre couleur. C'est moi, aidé(e) des propriétés particulières de mon cristal, qui génère cette énergie de guérison, matérialisée par cette lumière. Grâce à cette lumière de guérison, dirigée au niveau de ma zone altérée, j'observe cette partie de mon corps devenir plus lumineuse, sa couleur change, devient presque translucide... J'envoie encore quelques instants cette énergie-lumière de guérison sur cette zone, afin qu'elle redevienne complètement lumineuse, fonctionnelle...

Quand cette zone est redevenue complètement lumineuse, qu'elle est de la même teinte que mon aura, mon corps énergétique, je peux si je le souhaite, partir à la recherche d'une autre zone altérée en parcourant mon corps, de la tête jusqu'aux pieds...

Quand je sens que j'ai terminé ce travail de guérison, je reviens à la contemplation de ma couleur énergétique de base, la couleur de mon aura. Je reste relié(e) quelques instants à cette couleur de base...

À présent, je peux si je le souhaite, me relier mentalement à une situation de ma vie qui a généré un état émotionnel négatif : une peur, une colère, une vexation, une culpabilité ...ou autre...

Je m'y relie fortement, je me remémore les détails de cette situation, peut-être les paroles blessantes, les attitudes, celle des autres personnes, la mienne, les gestes, les non-dits... Et plus je me relie à cette situation, plus je vois apparaître derrière mes yeux clos, une ou plusieurs couleurs, qui correspondent à cet état émotionnel. Quand j'observe ces couleurs, je me relie à nouveau à la vibration du cristal au niveau de mon 3ème œil et je laisse la douce lumière de guérison venir supprimer la correspondance émotionnelle que cette situation a engendrée chez moi. J'observe l'action de cette lumière blanche, rose brillant, dorée ou autre, issue de mon 3ème œil, potentialisée par le cristal... Petit à petit, les couleurs liées à cet état émotionnel s'estompent, et je poursuis l'action de cette lumière de guérison jusqu'à un retour complet à mon état basal, la couleur initiale de mon aura.

À présent, il est temps pour moi de sortir doucement de cette méditation, pour cela je vais prendre à nouveau conscience de la vibration des cristaux qui parcourt mon corps... Je remercie ces cristaux pour l'énergie qu'ils m'ont apportée dans cette méditation. Doucement, je choisis d'arrêter ces vibrations, elles vont s'atténuer, puis se stopper.

Je prends conscience de la vibration du cristal qui persiste à présent uniquement au niveau de mon 3ème œil ou ma poitrine et de ma main... Je choisis d'arrêter ces vibrations, qui vont s'atténuer, puis disparaître. Je prends le temps de ressentir ces vibrations s'atténuer, puis disparaître.

Je suis toujours allongé(e), les yeux fermés, et je vais à présent compter mentalement de 1 à 5. 1, je suis allongé(e), les yeux fermés. Au chiffre 2, je commence à bouger doucement les mains... Au chiffre 3, je bouge doucement les pieds... Au chiffre 4, je peux si je le souhaite prendre un inspir profond, bâiller, soupirer, passer mes mains sur mon visage… Au chiffre 5, je peux ouvrir les yeux. Je prends le temps de revenir, ici et maintenant, à mon rythme.

J'écoute la méditation !

MÉDITATIONS D'ÉQUILIBRATION DES CHAKRAS

J'ÉQUILIBRE MON CHAKRA RACINE

J'ai besoin d'équilibrer mon chakra racine si...

- Je me sens en insécurité, je ressens souvent de la peur.
- Je me sens déconnecté(e) du moment présent, dispersé(e), je manque d'ancrage.
- Je présente des affections physiques, particulièrement sur la partie inférieure de mon corps.
- Je suis régulièrement en situation d'instabilité matérielle et/ou financière.

Je choisis ce cristal si...

- Je suis en période de changement, j'ai besoin d'un ancrage. J'ai besoin de courage et de confiance en moi, d'accroître ma volonté : Onyx noir.
- J'ai besoin de me libérer des énergies négatives, de protection et de purification. J'ai besoin de me recentrer : Tourmaline.
- J'ai besoin qu'on me redonne de l'énergie et qu'on m'aide à lutter contre l'apathie et à aller de l'avant : Cornaline.
- Je suis en période de difficulté, j'ai besoin qu'on m'insuffle en douceur une énergie sereine. J'ai besoin de renforcer ma confiance en moi et sécuriser mes fondations : Jaspe rouge.
- Je me sens triste et abattu(e), j'ai besoin de force pour trouver la volonté de dépasser cet état d'être : Grenat.
- J'ai besoin d'agir avec conscience et confiance, tout en ouvrant mon esprit à d'autres horizons : Quartz fumé.

- J'ai besoin de retrouver ma stabilité et de garder les pieds sur terre : Bois fossilisé .

- J'ai besoin de transformer ma négativité en un état positif, de réduire mon anxiété et de me maintenir ancré(e) dans la réalité : Hématite.

Je passe à l'action !

Avant de démarrer la méditation, je prends le temps d'observer attentivement le yantra correspondant au chakra racine, afin de m'en imprégner, et d'installer mes cristaux sur mon corps (un dans une main, l'autre posé sur mon bas-ventre, au niveau de mes organes reproducteurs)

Je suis installé(e) confortablement, allongé(e), un cristal dans une main, mon autre cristal posé au niveau de mon bas ventre. Je m'installe, avec les pieds légèrement séparés l'un de l'autre... Je prends conscience de ma position le mieux possible à chaque instant.

Je porte mon attention sur ma respiration, libre, sans entrave. Je ne modifie rien, juste j'observe ce mouvement de va-et-vient, sans juger, est-ce que c'est trop rapide ? Trop court ? Peu importe, je suis juste là ; installé(e) , à respirer tranquillement.

Je reste dans l'instant présent à l'écoute de moi-même. Je prends contact avec le mouvement de ma respiration et avec toutes les sensations que je ressens dans mon corps. En particulier, je ressens les sensations de contact et de pression, les points d'appui de mon corps. À chaque expiration, je peux ressentir un peu mieux les points d'appui. J'accueille mon expérience présente avec bienveillance et je laisse venir toutes mes sensations, mes perceptions, mes pensées, mes images, sans réagir.

J'abandonne ma tendance naturelle à vouloir que les choses soient différentes de ce qu'elles sont à l'instant présent. Je passe ainsi du mode « faire » au mode « être ». Je laisse venir à moi ce qui m'apparaît de la manière dont cela m'apparaît.

Je me rappelle qu'il n'y a pas une bonne manière de ressentir ce qui se passe en moi ; chacun(e) ressent à sa manière. Ce que je ressens est ce que je ressens. Et je l'accepte comme tel. Je me permets d'accepter ce que je ressens ou ce que j'éprouve et cela est bien ainsi.

Mon intention est de prendre conscience du mieux que je peux de toutes les sensations que je détecte, en concentrant mon attention sur chaque partie du corps successivement.

À présent, je porte mon attention sur les sensations de ma respiration dans mon abdomen. Je remarque l'étirement de la paroi abdominale lors de l'inspiration, et sa descente lors de l'expiration. Je descends mon attention au niveau de mes pieds. Je perçois les sensations au niveau de mes deux pieds. Mes sensations dans les orteils. (…) La plante des pieds. (...) Les talons. (…) Le dessus des pieds. (…). Peut-être que je ressens quelque chose de particulier, peut-être également que je ne reçois pas de sensation particulière. Ou elles sont peut-être très subtiles. C'est OK, c'est mon expérience en ce moment. Il n'y a pas de bonne façon de ressentir.

Maintenant, je prends une respiration plus profonde. Et à l'expiration, je lâche les pieds. En les laissant se dissoudre dans la conscience, je déplace mon attention vers les chevilles. Quelles sont mes sensations ici ? (...) Et en respirant plus profondément, je lâche mes chevilles et déplace mon attention sur mes demi-jambes. Je reste ici pendant quelques instants.

J'essaie de percevoir la sensation à l'arrière de mes mollets de ce sur quoi je suis allongé(e).

Je suis pleinement conscient(e) de toutes les sensations qu'il peut y avoir, à la surface de la peau, ainsi qu'à l'intérieur de mes mollets. (...)

Maintenant, je prends une respiration plus profonde, et à l'expiration, je relâche l'attention des demi-jambes, et je passe aux genoux. Je laisse mon attention se poser ici. (...)

Et à un certain moment, je prends une respiration plus profonde. Et à l'expiration, je lâche les genoux et déplace l'attention sur mes cuisses.

Qu'est-ce que je remarque ici ? Peut-être des sensations de contact avec les vêtements à la surface de ma peau, des sensations de lourdeur ou de légèreté, des pulsations, des vibrations, toutes les sensations.

Et maintenant, quand je suis prêt(e),en prenant une respiration plus profonde, et en expirant, en lâchant les jambes, je déplace mon attention vers mes hanches et mon bassin. Ma hanche droite, ma hanche gauche. Et tout mon bassin, et les organes de cette région.

Je prends à présent une respiration plus profonde, et à l'expiration, je lâche les hanches et le bassin, et déplace le centre de mon attention vers mon dos, en commençant par le bas du dos.

Puis, en inspirant, en élargissant le champ de conscience, je remonte au milieu du dos.

Puis, un nouvel inspir pour porter mon attention sur le haut du dos, y compris les omoplates. Mon attention est à présent portée sur l'entièreté de mon dos. Je sens ma respiration dans tout mon dos. Maintenant, je prends une respiration plus profonde dans le dos. Et comme je lâche ma respiration, je lâche aussi mon dos et déplace mon attention vers l'avant de mon corps, vers le bas de mon abdomen. Je vois les sensations qui m'attendent ici, alors que mon attention se déplace vers cette région. Je perçois toutes les sensations lorsque j' inspire et j'expire.

De temps en temps, il est possible que je sois distrait(e), des pensées, des rêves, des soucis peuvent survenir. Des sentiments d'ennui ou d'agitation peuvent arriver également. Il n'y a aucun souci, tout est OK, j'observe ces phénomènes, et je reviens à l'écoute de la voix.

Nous allons à présent nous répéter mentalement plusieurs affirmations purificatrices qui vont nous permettre de renforcer les qualités associées à un chakra racine équilibré.

Je suis enraciné(e) dans la sagesse de la terre. Je libère toutes les peurs et les doutes, j'embrasse un profond sentiment de sécurité. Mes racines sont profondes, ce qui me donne force et stabilité.

Je mérite la prospérité et l'abondance s'écoule sans effort dans ma vie.

Mon corps est un temple de santé et de vitalité, rayonnant d'énergie positive.

Je suis fermement enraciné(e) dans le moment présent, connecté(e) à l'énergie de la terre, ancré(e) et présent(e) à chaque instant.

Chaque pas que je fais est une danse avec l'énergie de la terre, m'ancrant dans le présent, je suis fermement enraciné(e) dans le sol riche du moment présent. J'ai confiance dans le voyage de la vie, sachant que chaque expérience est une leçon précieuse. Je libère toute résistance et j'accueille le flux naturel de l'univers. Je suis en sécurité, soutenu(e) et connecté(e) à l'abondance divine.

Mon lien avec la terre est incassable, source de stabilité inébranlable. J'ai confiance en la sagesse divine qui est en moi, qui me guide pour faire des choix alignés sur mon plus grand bien. Je suis un phare d'énergie positive, rayonnant d'un sentiment de sécurité et de paix. Je suis enraciné(e), présent(e) et ouvert(e) à l'abondance.

J'honore mon corps comme un temple sacré, le traitant avec amour et respect. Je relâche les tensions, permettant à l'énergie de circuler librement dans mon être. Chaque respiration m'aligne avec l'énergie de la terre, m'ancrant dans le moment présent. Je libère la peur et l'incertitude, embrassant un profond sentiment de sécurité. Mon passé est une source de sagesse, et j'avance avec assurance.

À présent, je prends quelques instants pour laisser ces affirmations infuser en moi, au plus profond de mon être. (...)

Je perçois peut-être les vibrations du cristal posé au niveau de mon bas ventre, ainsi que celles du cristal posé dans ma main.

Peut-être que je ressens ces vibrations dans tout mon corps. (…)

À présent, il est temps pour moi de sortir doucement de cette méditation, pour cela je vais prendre à nouveau conscience de la vibration des cristaux qui parcourt mon corps… Je remercie ces cristaux pour l'énergie qu'ils m'ont apportée dans cette méditation. Doucement je choisis d'arrêter ces vibrations, elles vont s'atténuer, puis se stopper.

Je prends conscience de la vibration du cristal qui persiste à présent uniquement au niveau de mon bas ventre et de ma main… Je choisis d'arrêter ces vibrations, qui vont s'atténuer, puis disparaître. Je prends le temps de ressentir ces vibrations s'atténuer, puis disparaître.

Je suis toujours allongé(e), les yeux fermés, et je vais à présent compter mentalement de 1 à 5. 1, je suis allongé(e), les yeux fermés. Au chiffre 2, je commence à bouger doucement les mains… Au chiffre 3, je bouge doucement les pieds… Au chiffre 4, je peux si je le souhaite prendre un inspir profond, bâiller, soupirer, passer mes mains sur mon visage… Au chiffre 5, je peux ouvrir les yeux.

J'écoute la méditation !

J'ÉQUILIBRE MON CHAKRA SACRÉ

J'ai besoin d'équilibrer mon chakra sacré si...

- Je me sens instable émotionnellement : mon humeur est changeante, j'ai du mal à gérer mes émotions parfois débordantes.
- Je me sens en blocage créatif, je n'ai plus d'inspiration, d'imagination.
- J'éprouve des difficultés relationnelles, j'ai du mal à établir et à maintenir des relations saines.
- Je manque d'enthousiasme, j'ai du mal à ressentir du plaisir.
- J'ai des problèmes liés aux organes reproducteurs.
- Je ressens facilement de la culpabilité.

Je choisis ce cristal si...

- J'ai des douleurs lombaires, une sexualité endormie ou des problèmes liés à la fertilité : Cornaline .
- Je me sens triste et introverti(e), j'ai de grands changements à venir dans ma vie : Cornaline .
- Je sens que j'ai beaucoup d'énergies négatives autour de moi, j'ai besoin de protection et de confiance en moi : Oeil de Tigre.
- J'ai besoin d'être calmé(e) et apaisé(e), d'être plus tolérant(e) : Pierre de Lune.
- Je me sens complexé(e), timide, je ressens de la culpabilité, de la honte et je doute beaucoup : Pierre de Soleil.
- J'ai besoin d'une renaissance, de développer ma puissance intérieure : Ambre.
- J'ai besoin de me sentir bien dans mon corps et d'arriver à

prendre du plaisir : Calcite orange.

- Je ne supporte plus le train-train quotidien, j'ai besoin de débloquer ma créativité et d'accueillir la joie dans ma vie: Agate Feu.

Je passe à l'action !

Avant de démarrer la méditation, je prends le temps d'observer attentivement le yantra correspondant au chakra sacré, afin de m'en imprégner, et de choisir mes cristaux

Je suis installé(e) confortablement, allongé(e), un cristal dans une main, mon autre cristal posé au niveau de mon ventre, juste sous mon nombril. Je m'installe, avec les pieds légèrement séparés l'un de l'autre... Je prends conscience de ma position le mieux possible à chaque instant.

Je laisse mes yeux se fermer. Je prends un moment pour prendre contact avec le mouvement de ma respiration et les sensations que je sens dans mon corps, particulièrement les sensations de contact et de pression, les points où mon corps entre en contact avec le support. À chaque expiration, je m'enfonce plus profondément dans ce support.

Maintenant, je prends conscience des sensations physiques dans le bas de mon abdomen, et je me rends compte des différences de sensations dans la ceinture abdominale lorsque j'inspire et lorsque j'expire.

Mon esprit va inévitablement se balader loin de la respiration et du corps de temps en temps. C'est tout à fait normal. C'est ce que l'esprit fait. Quand je le remarque, je le reconnais doucement, en notant où mon esprit est parti, et puis je ramène doucement mon attention à la partie du corps sur laquelle j'avais l'intention de me focaliser.

Après avoir pris contact avec les sensations dans mon abdomen, je pointe le projecteur de ma conscience en bas de ma jambe gauche, dans mon pied gauche, mes orteils. Je me concentre tour à tour sur chacun de mes orteils, en étudiant avec une légère curiosité la qualité des sensations que je ressens, peut-être en notant la sensation de contact entre les orteils, des sensations de picotement, de la chaleur ou aucune sensation particulière.

Quand je suis prêt(e), lors d'une inspiration, je perçois le souffle entrer dans mes poumons et je porte ma conscience vers le bas de mon abdomen, dans ma jambe gauche, mon pied gauche, mes orteils. Puis, lors de l'expiration, je perçois le souffle remontant du pied, allant dans la jambe, dans l'abdomen, dans la poitrine et sortant par le nez. Du mieux que je peux, je répète cet exercice pendant quelques respirations, en respirant vers le bas dans les orteils.

Maintenant, quand je serai prêt(e), lors d'une expiration, je vais laisser aller ma conscience hors de mes orteils, et je prends conscience des sensations dans le bas de mon pied droit, je porte ma conscience avec bienveillance et persistance sur la plante du pied, le coup de pied, le talon, par exemple en notant les sensations éprouvées aux points de contact du talon avec le support.

Je laisse maintenant ma conscience se déployer dans le reste du pied, dans la cheville, le dessus du pied, dans les os et les articulations. Puis, en prenant une respiration un peu plus profonde, je dirige mon attention vers le bas dans l'entièreté du pied droit, et lors de l'expiration, je laisse aller le pied droit complètement, et je laisse ma conscience entrer dans le bas de la jambe droite, le mollet, le tibia, le genou, la cuisse.

Je continue à focaliser ma conscience et à porter une curiosité douce aux sensations physiques dans chaque partie de mon corps tour à tour au haut de la jambe droite, à mon bassin, à mon dos…

À chaque zone, du mieux que je peux, j'essaie d'avoir le même niveau détaillé de conscience et de légère curiosité vis-à-vis des sensations corporelles présentes. Quand je quitte une région corporelle, «j'inspire à l'intérieur » de cette région et je quitte cette région sur l'expir.

Je porte à présent mon attention sur mon abdomen, ma poitrine, mes doigts, mes mains, mes bras, mes épaules, mon cou, ma tête, mon visage.

Nous allons à présent nous répéter mentalement plusieurs affirmations purificatrices qui vont nous permettre de renforcer les qualités associées à un chakra sacré équilibré.

Je libère toutes les émotions stagnantes et les énergies négatives, permettant au pouvoir nourricier de la terre mère de nettoyer et rajeunir mon chakra sacré.

À chaque respiration, je libère les attachements qui ne servent plus mon bien-être émotionnel, invitant l'énergie d'ancrage de la terre à purifier mon chakra sacré.

J'abandonne toutes les blessures et les fardeaux émotionnels du passé à la terre mère, libérant mon chakra sacré d'un bagage émotionnel inutile.

J'abandonne toute culpabilité ou honte, permettant à l'énergie de guérison de la terre de nettoyer et de restaurer la vitalité de mon chakra sacré.

Je libère les peurs liées à l'expression de soi et à la créativité, en me connectant profondément à l'énergie de soutien et d'inspiration de la terre mère pour équilibrer mon chakra sacré.

J'honore ma créativité et j'embrasse le flux d'inspiration en moi. Mes émotions sont une source de sagesse, me guidant vers l'équilibre. Je suis ouvert(e) au plaisir et à la joie, me permettant de faire l'expérience de tout le spectre des sensations de la vie. Ma sensualité est une force puissante, qui éveille la passion en moi.

Je suis en contact avec mes émotions, je comprends leurs messages et j'embrasse leur énergie. Ma créativité coule sans effort, exprimant l'essence vibrante de mon être. Je libère la culpabilité et la honte, embrassant le plaisir qu'offre la vie. Ma sensualité est un don sacré, je l'honore avec grâce.

À présent, je prends quelques instants pour laisser ces affirmations infuser en moi, au plus profond de mon être. (...)

Je perçois peut-être les vibrations du cristal posé au niveau de mon ventre, ainsi que celles du cristal posé dans ma main. Peut-être que je ressens ces vibrations dans tout mon corps. (...)

À présent il est temps pour moi de sortir doucement de cette méditation, pour cela je vais prendre à nouveau conscience de la vibration des cristaux qui parcourt mon corps... Je remercie ces cristaux pour l'énergie qu'ils m'ont apportée dans cette méditation. Doucement, je choisis d'arrêter ces vibrations, elles vont s'atténuer, puis se stopper.

Je prends conscience de la vibration du cristal qui persiste à présent, uniquement au niveau de mon ventre et de ma main... Je choisis d'arrêter ces vibrations, qui vont s'atténuer, puis disparaître. Je prends le temps de ressentir ces vibrations s'atténuer, puis disparaître.

Je suis toujours allongé(e), les yeux fermés, et je vais à présent compter mentalement de 1 à 5. 1, je suis allongé(e), les yeux fermés. Au chiffre 2, je commence à bouger doucement les mains... Au chiffre 3, je bouge doucement les pieds... Au chiffre 4, je peux si je le souhaite, prendre un inspir profond, bâiller, soupirer, passer mes mains sur mon visage... Au chiffre 5, je peux ouvrir les yeux.

J'écoute la méditation !

J'ÉQUILIBRE MON CHAKRA DU PLEXUS SOLAIRE

J'ai besoin d'équilibrer mon chakra du plexus solaire si...

- J'ai une faible estime de moi, je me sens inadapté(e) à mon environnement.
- J'ai des difficultés à prendre des décisions, à m'affirmer.
- Il y a beaucoup de luttes de pouvoir dans ma vie, d'énergies négatives autour de moi.
- J'ai fréquemment des problèmes digestifs, j'ai du mal à prendre soin de moi.
- Mon état d'esprit est fréquemment négatif, je ressens beaucoup d'énergies négatives.

Je choisis ce cristal si...

- J'ai besoin de savoir qui je suis réellement, de m'affirmer : Pyrite.
- J'ai besoin d'avoir un état d'esprit positif, de faire place à la joie dans ma vie : Citrine
- J'ai besoin de prendre davantage soin de moi : Agate jaune
- J'ai besoin d'aller de l'avant et de surmonter mes peurs : Calcite orange
- J'ai besoin de prendre des décisions, des initiatives : Oeil de tigre
- Il y a beaucoup d'énergies négatives autour de moi, j'ai besoin de purification: Shungite

Je passe à l'action...

Avant de démarrer la méditation, je prends le temps d'observer attentivement le yantra correspondant au chakra du plexus, afin de m'en imprégner, et de choisir mes cristaux

Je suis installé(e) confortablement, allongé(e), un cristal dans une main, mon autre cristal posé au niveau de mon plexus solaire, un petit creux juste en dessous de ma poitrine. Je m'installe, avec les pieds légèrement séparés l'un de l'autre... Je prends conscience de ma position le mieux possible, à chaque instant.

Je laisse mes yeux se fermer. Je prends un moment pour prendre contact avec le mouvement de ma respiration et les sensations que je sens dans mon corps, particulièrement les sensations de contact et de pression, les points où mon corps entre en contact avec le support. À chaque expiration, je m'enfonce plus profondément dans ce support. Je prends quelques respirations profondes. Je laisse le temps à ma respiration de ralentir puis je commence à respirer à partir de mon ventre, en laissant mon abdomen monter et descendre à chaque respiration, comme si un ballon se gonflait et se dégonflait dans mon abdomen à chaque respiration.

À présent, je porte mon attention au niveau de ma tête. J'observe les sensations au niveau de mon cuir chevelu, de mon visage. Si je remarque des tensions, je les accueille, ainsi que toutes les pensées ou émotions qui les accompagnent, et je respire doucement à travers elles.

Si je remarque des sensations inconfortables, je porte toute mon attention sur elles. Je respire en elles et je vois ce qui se passe. Je peux visualiser la tension qui sort de mon corps à chaque expir et qui s'évapore dans l'air. Je passe à une autre partie de mon corps dès que je me sens prêt(e).

Je vais à présent faire un balayage de tout mon corps, zone par zone, en descendant progressivement à travers mes épaules, mes bras, mon dos, mon thorax, mon ventre, mes jambes jusqu'à ce que j'atteigne le bout de mes orteils.

Je porte mon attention sur mes sensations : y a-t-il un endroit où je maintiens un certain stress ? S'il y a une sensation d'oppression, de douleur ou de pression, je continue à respirer dans cette oppression, douleur ou pression que je ressens.

Nous allons à présent nous répéter mentalement plusieurs affirmations purificatrices qui vont nous permettre de renforcer les qualités associées à un chakra de plexus solaire équilibré.

Je libère tous les doutes et les énergies négatives, permettant à l'énergie stimulante de la terre mère de nettoyer et revigorer mon chakra du plexus solaire.

À chaque respiration, je lâche prise avec les attachements qui entravent ma confiance en moi, invitant l'énergie d'ancrage de la terre à purifier mon chakra.

Je suis confiant(e) et autonome, rayonnant(e) de force à partir de mon plexus solaire. Mon feu intérieur alimente mon ambition et mon courage. Je fais confiance à mon intuition pour me guider vers le succès. J'accepte les défis comme des opportunités de croissance. Je suis le maître de mon destin, manifestant mes désirs avec une détermination inébranlable.

J'abandonne toute résistance au changement et je permets à la sagesse de la terre de guider ma croissance et ma transformation personnelles, apportant l'équilibre à mon chakra du plexus solaire.

Avec gratitude, je libère toutes les cordes énergétiques qui me lient à la négativité, permettant à l'énergie d'ancrage de la terre de rétablir l'harmonie de mon chakra.

Je me libère du poids des attentes extérieures, permettant à la terre mère de soutenir et élever mon chakra du plexus solaire avec confiance et assurance.

J'abandonne les insécurités quant à ma valeur et j'embrasse l'énergie de la terre.

Je libère tous les blocages émotionnels entravant mon pouvoir personnel, invitant l'énergie revitalisante de la terre mère à circuler librement à travers mon chakra du plexus solaire.

À présent je prends quelques instants pour laisser ces affirmations infuser en moi, au plus profond de mon être.(…)

Je perçois peut-être les vibrations du cristal posé au niveau de mon plexus, ainsi que celles du cristal posé dans ma main. Peut-être que je ressens ces vibrations dans tout mon corps. (…)

À présent, il est temps pour moi de sortir doucement de cette méditation, pour cela je vais prendre à nouveau conscience de la vibration des cristaux qui parcourt mon corps... Je remercie ces cristaux pour l'énergie qu'ils m'ont apportée dans cette méditation. Doucement, je choisis d'arrêter ces vibrations, elles vont s'atténuer, puis se stopper.

Je prends conscience de la vibration du cristal qui persiste à présent uniquement au niveau de mon plexus et de ma main... Je choisis d'arrêter ces vibrations qui vont s'atténuer, puis disparaître. Je prends le temps de ressentir ces vibrations s'atténuer, puis disparaître.

Je suis toujours allongé(e), les yeux fermés, et je vais à présent compter mentalement de 1 à 5. 1, je suis allongé(e), les yeux fermés. Au chiffre 2, je commence à bouger doucement les mains... Au chiffre 3, je bouge doucement les pieds... Au chiffre 4, je peux si je le souhaite, prendre un inspir profond, bâiller, soupirer, passer mes mains sur mon visage... Au chiffre 5, je peux ouvrir les yeux.

J'écoute la méditation !

J'ÉQUILIBRE MON CHAKRA DU COEUR

- Je suis comme engourdi(e) au niveau émotionnel, j'ai du mal à exprimer et/ou recevoir de l'amour.
- Je me sens dépendante des autres pour ressentir un bien-être émotionnel.
- J'éprouve beaucoup de difficultés à pardonner, même à moi-même, j'ai beaucoup de rancune.
- Je me trouve en situation de chagrin, de tristesse immense qui m'engloutit.

- J'ai besoin d'apaiser ma relation avec moi-même et les autres, de créer un cocon de douceur : Quartz rose.
- J'ai besoin de me donner de l'assurance et un sentiment de protection, m'ouvrir aux énergies d'amour: Malachite.
- J'ai besoin de réduire mes appréhensions an amour, apaiser la jalousie et favoriser la tendresse : Rhodonite.
- J'ai besoin de soigner mes blessures affectives, réguler mes émotions : Rhodochrosite.
- J'ai besoin de restaurer la confiance en soi nécessaire pour accepter l'amour : Aventurine verte (on peut l'utiliser en parfaite harmonie avec le quartz rose).

Je passe à l'action !

Avant de démarrer la méditation, je prends le temps d'observer attentivement le yantra correspondant au chakra du coeur, afin de m'en imprégner. Je choisis mes cristaux.

Je suis installé(e) confortablement, allongé(e), un cristal dans une main, mon autre cristal posé au niveau de ma poitrine.

Si c'est OK pour moi, je ferme doucement les yeux.

J' observe les parties de mon corps qui touchent le support. Je prends le temps d'inspirer et d'expirer. Je peux entrouvrir la bouche afin de relâcher la mâchoire.

J'observe mon souffle passer dans mes narines. Je ressens l'air frais qui rentre et l'air chaud qui en ressort. À chaque inspiration, je me remplis d'énergie et à chaque expiration, je laisse s'enfoncer un peu plus mon corps, afin de me libérer d'éventuelles tensions.

Mon souffle se diffuse dans chaque partie de mon corps. Je place ma conscience dans chacune d'elles.

Je lisse les traits de mon front, mes paupières, mes joues, le bas de mon visage. Je relâche mon cuir chevelu, du front vers ma nuque, mes oreilles, les muscles de chaque côté de mes vertèbres cervicales, ma gorge.

Je laisse maintenant couler mes épaules vers le sol, les bras, les coudes, les avant-bras, les poignets, les mains, jusqu'au bout de mes doigts.

À présent, j'imagine mon dos fondre sur le sol, ainsi que les muscles de chaque côté de ma colonne vertébrale, j'expire longuement pour éliminer les éventuelles tensions.

À présent, je détends les muscles autour de mon bassin, mes muscles fessiers et mes jambes en commençant par mes cuisses, mes genoux, mollets, chevilles et mes pieds, jusqu'au bout des orteils.

Je ressens tout mon corps se détendre encore plus profondément. Je relâche ma tête, je la sens agréablement légère, j'imagine les pensées comme des ondes autour de moi qui s'éloignent de plus en plus loin, puis disparaissent. Le silence s'installe en moi, un silence reposant et doux. Je porte mon attention sur ma respiration, je prends conscience de son rythme, comme si elle me berçait.

Je sens mon souffle accompagner ma détente. Je laisse infuser le calme en moi. Je plonge en moi-même en toute quiétude et bienveillance.

Je vais à présent me répéter mentalement plusieurs affirmations purificatrices qui vont me permettre de renforcer les qualités associées à un chakra du coeur équilibré.

Je libère toutes les blessures passées et les énergies négatives, permettant à l'énergie de guérison de la terre mère de nettoyer et de restaurer l'amour dans mon chakra du coeur.

À chaque respiration, je lâche prise sur les attachements qui entravent ma capacité à donner et à recevoir de l'amour, invitant l'énergie d'ancrage de la terre à purifier mon chakra du coeur.

Mon chakra du coeur rayonne d'amour, de compassion et d'énergie de guérison. Je suis un vaisseau d'amour pur et inconditionnel, attirant des connexions positives. Je me pardonne à moi-même et aux autres, libérant tout ressentiment persistant. J'embrasse la beauté de la vie avec un coeur ouvert, invitant l'amour à circuler librement dans et hors de mon être.

L'amour émane de mon chakra du coeur, une source de compassion sans limites. Je suis un canal pour l'énergie de guérison, pour me nourrir et nourrir les autres. Le pardon est mon don, et je libère tous les jugements. Mon coeur est ouvert, attirant des connexions aimantes qui apportent de la joie, de l'harmonie et de l'épanouissement dans tous les domaines de ma vie.

À présent, je prends quelques instants pour laisser ces affirmations infuser en moi, au plus profond de mon être.(...)

Je perçois peut-être les vibrations du cristal posé au niveau de ma poitrine, ainsi que celles du cristal posé dans ma main. Peut-être que je ressens ces vibrations dans tout mon corps. (...)

À présent, il est temps pour moi de sortir doucement de cette méditation, pour cela je vais prendre à nouveau conscience de la vibration des cristaux qui parcourt mon corps... Je remercie ces cristaux pour l'énergie qu'ils m'ont apportée dans cette méditation. Doucement, je choisis d'arrêter ces vibrations, elles vont s'atténuer, puis se stopper.

Je prends conscience de la vibration du cristal qui persiste à présent uniquement au niveau de ma poitrine et de ma main… Je choisis d'arrêter ces vibrations qui vont s'atténuer, puis disparaître. Je prends le temps de ressentir ces vibrations s'atténuer, puis disparaître.

Je suis toujours allongé(e), les yeux fermés, et je vais à présent compter mentalement de 1 à 5. 1, je suis allongé(e), les yeux fermés. Au chiffre 2, je commence à bouger doucement les mains… Au chiffre 3, je bouge doucement les pieds… Au chiffre 4, je peux si je le souhaite prendre un inspir profond, bâiller, soupirer, passer mes mains sur mon visage… Au chiffre 5, je peux ouvrir les yeux.

J'écoute la méditation !

J'ÉQUILIBRE MON CHAKRA DE LA GORGE

J'ai besoin d'équilibrer mon chakra de la gorge si...

- J'éprouve des difficultés à exprimer, que ce soit mes pensées ou mes émotions.
- Je suis un(e) hyperactif(ve) du bavardage, sans grand intérêt parfois…
- J'ai peur du jugement des autres, ce qui inhibe l'expression de mon moi profond.
- Je me sens bloqué(e) au niveau créativité.

Je choisis ce cristal si...

- J'ai besoin d'être plus précis(e) dans mon expression, et de révéler mon moi profond : Aigue-marine.
- J'ai besoin de débloquer ma créativité : Lapis-lazuli.
- J'ai besoin d'avoir moins peur de l'opinion des autres : Sodalite.
- J'ai besoin d'avoir les pensées plus claires, de m'exprimer plus clairement : Sélénite.
- J'ai besoin de protection et de calmer mes pensées indésirables : Turquoise.

Je passe à l'action !

Avant de démarrer la méditation, je prends le temps d'observer attentivement le yantra correspondant au chakra de la gorge, afin de m'en imprégner, et de choisir mes cristaux

Je suis installé(e) confortablement, allongé(e), un cristal dans une main, mon autre cristal posé au niveau de ma gorge.

Je ferme ensuite doucement mes yeux et je prends une profonde inspiration, puis j'expire lentement. Puis, je recommence. Avec chaque expiration, je sens mon corps relâcher toutes ses tensions.

Je vais à présent imaginer un lieu paisible et serein.

Je me visualise debout au bord d'un lac tranquille entouré(e) par une nature luxuriante. Le ciel est d'un bleu clair et s'étend à perte de vue.

Je sens une douce brise caresser mon visage. Devant moi, j'aperçois un petit chemin bordé de fleurs colorées.

Je commence à marcher lentement sur ce chemin, en sentant le sol sous mes pieds et en écoutant le doux bruissement des feuilles dans les arbres. Alors que je marche, je remarque une balançoire suspendue à un arbre.

Je m'installe confortablement sur la balançoire et je commence à me balancer doucement d'avant en arrière. À chaque balancement, je me sens de plus en plus détendu(e).

Tout en me balançant, je tourne doucement la tête et j'aperçois une cascade cristalline qui descend d'une colline voisine. Les rayons du soleil jouent à travers les gouttes d'eau, créant un magnifique spectacle de couleurs.

Je décide de m'approcher de la cascade. En me rapprochant, je sens la fraîcheur de l'air humide et j'entends le son apaisant de l'eau qui s'écoule. Je me tiens devant la cascade et laisse les gouttelettes d'eau me rafraîchir le visage.

À présent, je m'imagine entrer dans l'eau de la cascade. Elle est douce et revigorante. Je m'avance et je ressens l'eau fraîche de la cascade me couler dessus. Elle emporte avec elle toutes mes préoccupations et tensions. Je me sens léger(ère) et libre.

Je me laisse ensuite flotter dans l'eau et j'imagine que toutes les parties de mon corps se relâchent complètement. Je ressens cette détente se propager de ma tête jusqu'aux pieds.

Je vais à présent me répéter mentalement plusieurs affirmations purificatrices qui vont me permettre de renforcer les qualités associées à un chakra de la gorge équilibré.

Je libère toutes mes inhibitions et les énergies négatives, permettant à l'énergie purificatrice de la terre mère de nettoyer et de libérer mon chakra de la gorge.

J'abandonne tout doute persistant de moi-même ou peur de dire ma vérité, libérant mon chakra de la gorge des fardeaux inutiles avec l'énergie de soutien de la terre mère.

Mon chakra de la gorge est un canal d'expression authentique.

Je dis ma vérité avec clarté et confiance, en créant des liens positifs. Mes paroles sont une force puissante pour le bien, manifestant mes intentions. Je m'exprime librement, contribuant à une communication et une compréhension ouvertes. Ma voix est un don, et je la partage sans crainte.

Mes mots sont puissants, manifestant des connexions positives.

Avec gratitude, je libère toutes les cordes énergétiques qui me lient à la négativité, permettant à l'énergie d'ancrage de la terre de rétablir l'harmonie de mon chakra de la gorge.

Je libère tous les blocages émotionnels qui entravent ma capacité à communiquer librement, invitant l'énergie revitalisante de la terre mère à circuler librement à travers mon chakra de la gorge.

J'abandonne toute résistance à dire ma vérité et je permets à la sagesse de la terre de guider mon expression et ma transformation authentiques, apportant l'équilibre à mon chakra de la gorge.

À présent, je prends quelques instants pour laisser ces affirmations infuser en moi, au plus profond de mon être.(...)

Je perçois peut-être les vibrations du cristal posé au niveau de ma gorge, ainsi que celles du cristal posé dans ma main. Peut-être que je ressens ces vibrations dans tout mon corps. (...)

À présent, il est temps pour moi de sortir doucement de cette méditation, pour cela je vais prendre à nouveau conscience de la vibration des cristaux qui parcourt mon corps... Je remercie ces cristaux pour l'énergie qu'ils m'ont apportée dans cette méditation. Doucement, je choisis d'arrêter ces vibrations, elles vont s'atténuer, puis se stopper.

Je prends conscience de la vibration du cristal qui persiste à présent uniquement au niveau de ma gorge et de ma main… Je choisis d'arrêter ces vibrations, qui vont s'atténuer, puis disparaître. Je prends le temps de ressentir ces vibrations s'atténuer, puis disparaître.

Je suis toujours allongé(e), les yeux fermés et je vais à présent compter mentalement de 1 à 5. 1, je suis allongé(e), les yeux fermés. Au chiffre 2, je commence à bouger doucement les mains… Au chiffre 3, je bouge doucement les pieds… Au chiffre 4, je peux si je le souhaite prendre un inspir profond, bâiller, soupirer, passer mes mains sur mon visage… Au chiffre 5, je peux ouvrir les yeux.

J'écoute la méditation !

J'ÉQUILIBRE MON CHAKRA DU 3ÈME ŒIL

J'ai besoin d'équilibrer mon chakra du 3ème œil si...

- Je me sens confus(e), j'ai des difficultés de concentration.
- Je n'écoute jamais mon intuition et me fie seulement à la logique.
- Je souhaite développer ma part spirituelle plutôt que rester dans la matérialité.
- J'ai fréquemment des maux de tête ou de la tension dans la région du front.

Je choisis ce cristal si...

- J'ai besoin d'élever ma perception du monde matériel vers le spirituel, le magique : Tanzanite.
- J'ai besoin de lever rapidement des blocages qui m'enferment dans un rôle de victime : Cyanite.
- J'ai besoin de libérer d'anciennes peurs pour m'ouvrir avec lucidité au monde spirituel : Azurite.
- J'ai besoin d'illuminer ma voie spirituelle tout en étant protégé(e) : Labradorite.
- J'ai besoin de développer mon intuition et ma compréhension (de moi-même, des autres) : Pierre de Lune.

Je passe à l'action !

Avant de démarrer la méditation, je prends le temps d'observer attentivement le yantra correspondant au chakra du 3ème oeil, afin de m'en imprégner et de choisir mes cristaux

Je suis installé(e) confortablement, allongé(e), un cristal dans une main, mon autre cristal posé au niveau de mon 3ème oeil.

Je m'installe, avec les pieds légèrement séparés l'un de l'autre… Je prends conscience de ma position le mieux possible à chaque instant.

Je porte mon attention sur ma respiration, libre, sans entrave. Je ne modifie rien, juste j'observe ce mouvement de va-et-vient, sans juger, est-ce que c'est trop rapide ? Trop court ? Peu importe, je suis juste là ; installé(é), à respirer tranquillement.

Je reste dans l'instant présent à l'écoute de moi-même. Je prends contact avec le mouvement de ma respiration et avec toutes les sensations que je ressens dans mon corps. En particulier, je ressens les sensations de contact et de pression, les points d'appui de mon corps. À chaque expiration, je peux ressentir un peu mieux les points d'appui. J'accueille mon expérience présente avec bienveillance et je laisse venir toutes mes sensations, mes perceptions, mes pensées, mes images, sans réagir.

J'abandonne ma tendance naturelle à vouloir que les choses soient différentes de ce qu'elles sont à l'instant présent. Je passe ainsi du mode « faire » au mode « être ». Je laisse venir à moi ce qui m'apparaît de la manière dont cela m'apparaît.

Je me rappelle qu'il n'y a pas une bonne manière de ressentir ce qui se passe en moi ; chacun ressent à sa manière. Ce que je ressens est ce que je ressens. Et je l'accepte comme tel. Je me permets d'accepter ce que je ressens ou ce que j'éprouve et cela est bien ainsi.

Mon intention est de prendre conscience du mieux que je peux de toutes les sensations que je détecte en concentrant mon attention sur chaque partie du corps successivement.

À présent, je porte mon attention sur les sensations de ma respiration dans mon abdomen. Je remarque l'étirement de la paroi abdominale lors de l'inspiration et sa descente lors de l'expiration. Je descends mon attention au niveau de mes pieds. Je perçois les sensations au niveau de mes deux pieds. Mes sensations dans les orteils. (...) La plante des pieds. (...) Les talons. (…) Le dessus des pieds. (…) Peut-être que je ressens quelque chose de particulier, peut-être également que je ne perçois pas de sensation particulière. Ou elles sont peut-être très subtiles. C'est OK, c'est mon expérience en ce moment. Il n'y a pas de bonne façon de ressentir.

Maintenant, je prends une respiration plus profonde. Et à l'expiration, je lâche les pieds. En les laissant se dissoudre dans la conscience, et je déplace mon attention vers les chevilles. Quelles sont mes sensations ici ? (...) Et en respirant plus profondément, je lâche mes chevilles et déplace mon attention sur mes demi-jambes. Je reste ici pendant quelques instants.

J'essaie de percevoir la sensation à l'arrière de mes mollets de ce sur quoi je suis allongé(e).

Je suis pleinement conscient(e) de toutes les sensations qu'il peut y avoir, à la surface de la peau, ainsi qu'à l'intérieur de mes mollets. (...)

Maintenant, je prends une respiration plus profonde, et à l'expiration, je relâche l'attention des demi-jambes, et je passe aux genoux. Je laisse mon attention se poser ici. (...)

Et à un certain moment, je prends une respiration plus profonde. Et à l'expiration, je lâche les genoux et déplace l'attention sur mes cuisses.

Qu'est-ce que je remarque ici ? Peut-être des sensations de contact avec les vêtements à la surface de ma peau, des sensations de lourdeur ou de légèreté, des pulsations, des vibrations, toutes les sensations.

Et maintenant, quand je suis prêt(e), en prenant une respiration plus profonde, puis en expirant, en lâchant les jambes, je déplace mon attention vers mes hanches et mon bassin. Ma hanche droite, ma hanche gauche. Et tout mon bassin, et les organes de cette région.

Je prends à présent une respiration plus profonde, et à l'expiration, je lâche les hanches et le bassin, et déplace le centre de mon attention vers mon dos, en commençant par le bas du dos.

Puis, en inspirant, en élargissant le champ de conscience, je remonte au milieu du dos.

Puis, un nouvel inspir pour porter mon attention le haut du dos, y compris les omoplates. Mon attention est à présent portée sur l'entièreté de mon dos. Je sens ma respiration dans tout mon dos. Maintenant, je prends une respiration plus profonde dans le dos. Et comme je lâche ma respiration, je lâche aussi mon dos, et déplace mon attention vers l'avant de mon corps, vers le bas de mon abdomen. Je vois les sensations qui m'attendent ici, alors que mon attention se déplace vers cette région. Je perçois toutes les sensations lorsque j' inspire et j'expire.

Il est possible que je sois distrait(e), des pensées, des rêves, des soucis peuvent survenir. Des sentiments d'ennui ou d'agitation peuvent arriver également. Il n'y a aucun souci, tout est OK, j'observe ces phénomènes, et je reviens à l'écoute de la voix.

Je vais à présent me répéter mentalement plusieurs affirmations purificatrices qui vont me permettre de renforcer les qualités associées à un chakra du 3ème oeil équilibré.

Je libère tout l'encombrement mental et les énergies négatives, permettant à l'énergie de nettoyage de la terre mère de nettoyer et d'amplifier mon chakra du troisième œil.

À chaque respiration, je me débarrasse des attachements qui entravent ma perspicacité intuitive, invitant l'énergie de la terre à purifier mon chakra du troisième œil.

Avec gratitude, je libère toutes les cordes énergétiques qui me lient à la négativité, permettant à l'énergie d'ancrage de la terre de rétablir l'harmonie de mon chakra du troisième œil.

Je me libère du poids des croyances limitantes, toute limitation de ma capacité à me connecter à des connaissances supérieures, je libère les peurs liées à la vision de la vérité, permettant à l'énergie nourricière de la terre de nettoyer et renforcer la clarté de mon chakra du troisième œil.

Mon chakra du troisième œil est un portail vers la sagesse intérieure. Je fais confiance à mon intuition pour me guider vers la clarté et la perspicacité. Je vois au-delà des apparences, en me connectant aux vérités les plus profondes de l'existence. J'embrasse le déroulement de mon voyage spirituel, permettant à ma vision intérieure d'illuminer le chemin à parcourir avec sagesse et compréhension.

J'ouvre mon chakra du 3ème œil à la sagesse de l'intérieur. L'intuition coule à travers moi sans effort, me guidant vers des idées profondes. Je fais confiance à ma vision intérieure pour me guider sur le bon chemin. Je vois au-delà de la surface, en me connectant avec les vérités les plus profondes de l'existence. La clarté et la compréhension illuminent mon parcours.

À présent, je prends quelques instants pour laisser ces affirmations infuser en moi, au plus profond de mon être. (...)

Je perçois peut-être les vibrations du cristal posé sur mon front, ainsi que celles du cristal posé dans ma main. Peut-être que je ressens ces vibrations dans tout mon corps. (...)

À présent, il est temps pour moi de sortir doucement de cette méditation, pour cela je vais prendre à nouveau conscience de la vibration des cristaux qui parcourt mon corps... Je remercie ces cristaux pour l'énergie qu'ils m'ont apportée dans cette méditation. Doucement, je choisis d'arrêter ces vibrations, elles vont s'atténuer, puis se stopper.

Je prends conscience de la vibration du cristal qui persiste à présent uniquement au niveau de mon front et de ma main... Je choisis d'arrêter ces vibrations, qui vont s'atténuer, puis disparaître. Je prends le temps de ressentir ces vibrations s'atténuer, puis disparaître.

Je suis toujours allongé(e), les yeux fermés, et je vais à présent compter mentalement de 1 à 5. 1, je suis allongé(e), les yeux fermés. Au chiffre 2, je commence à bouger doucement les mains… Au chiffre 3, je bouge doucement les pieds… Au chiffre 4, je peux si je le souhaite prendre un inspir profond, bâiller, soupirer, passer mes mains sur mon visage… Au chiffre 5, je peux ouvrir les yeux.

J'écoute la méditation !

J'ÉQUILIBRE MON CHAKRA COURONNE

J'ai besoin d'équilibrer mon chakra couronne si...

- Je me sens en déconnexion spirituelle, déconnecté(e) des niveaux spirituels supérieurs.

- Je n'ai pas l'impression d'avoir l'esprit très ouvert.

- Je n'arrive pas à me fier à mon intuition.

- Je ressens une anxiété existentielle, et/ou un sentiment d'inutilité.

- Je ressens souvent des maux de tête.

Je choisis ce cristal si...

- J'ai besoin de me recentrer et de m'ouvrir à des niveaux spirituels supérieurs : Améthyste.

- J'ai besoin de lâcher le monde matériel et développer ma lumière intérieure pour me tourner davantage vers la spiritualité : Cristal de roche.

- J'ai besoin d'être moins dépendant(e) émotionnellement matériellement, de sortir de mon anxiété qui m'empêche de m'élever : Lépidolite.

- J'ai besoin de faire confiance à mon intuition pour développer ma part spirituelle : Labradorite.

- J'ai besoin d'avoir un sommeil réparateur pour développer ma connexion à mon âme : Sélénite.

- J'ai besoin de développer mon intuition et me relier à ma sagesse ancestrale : Fluorite.

Je passe à l'action !

Avant de démarrer la méditation, je prends le temps d'observer attentivement le yantra correspondant au chakra coronal, afin de m'en imprégner, et de choisir mes cristaux

Je suis installé(e) confortablement, allongé(e), un cristal dans une main, mon autre cristal posé juste en arrière de ma tête, contre mon cuir chevelu.

Je vais prendre 3 grandes respirations, profondes et lentes.

À présent je vais inspirer en contractant ma main droite, mon avant-bras droit, tout mon bras droit, je tiens 1, 2, 3, 4, 5, puis à l'expir je relâche complètement. Je vais recommencer encore une fois : inspir, contracte le bras droit, du bout des doigts à l'épaule droite, 1, 2, 3, 4, 5, expire, je relâche .

J'observe quelques instants cette sensation de détente au niveau de mon bras droit, peut-être plus lourd, plus chaud, ou présence de fourmillements, de picotements... ou rien du tout, c'est OK également.

À présent, je vais inspirer en contractant ma main gauche, avant-bras gauche, tout le bras gauche, je tiens 1, 2, 3, 4, 5, puis expir, je relâche complètement. Je vais recommencer encore une fois : inspir, contracte le bras gauche, du bout des doigts à l'épaule gauche, 1, 2, 3, 4, 5, expire, je relâche.

J'observe quelques instants cette sensation de détente au niveau de mon bras gauche, peut-être plus lourd, plus chaud, ou présence de fourmillements, de picotements... ou rien du tout, c'est OK également.

À présent, je vais inspirer en contractant ma jambe droite, en partant des orteils jusqu'à la hanche droite, je tiens 1, 2, 3, 4, 5, puis expir, je relâche complètement. Je vais recommencer encore une fois : inspir, contracte toute la jambe droite, 1, 2, 3, 4, 5, expire, je relâche.

Je prends le temps de ressentir cette détente dans la jambe droite.

À présent, je vais inspirer en contractant ma jambe gauche, en partant des orteils jusqu'à la hanche gauche, je tiens 1, 2, 3, 4, 5, puis expir, je relâche complètement. Je vais recommencer encore une fois : inspir, contracte toute la jambe gauche, 1, 2, 3, 4, 5, expire, je relâche.

Je prends le temps de ressentir cette détente profonde dans la jambe gauche. Est-ce qu'il y a des sensations particulières ou non ?

À présent je vais inspirer en contractant mon abdomen, je tiens 1, 2, 3, 4, 5, puis expir, je relâche complètement. Je vais recommencer encore une fois : inspir, contracte tout l'abdomen , 1, 2, 3, 4, 5, expire, je relâche.

Je prends le temps de ressentir cette détente s'installer dans mon abdomen.

À présent, je vais inspirer en contractant ma jambe droite, en partant des orteils jusqu'à la hanche droite, je tiens 1, 2, 3, 4, 5, puis expir, je relâche complètement. Je vais recommencer encore une fois : inspir, contracte toute la jambe droite, 1, 2, 3, 4, 5, expire, je relâche.

Je prends le temps de ressentir cette détente dans la jambe droite.

À présent, je vais détendre mes épaules et le haut de mon dos, pour cela je vais inspirer en montant aussi haut que possible mes épaules vers mes oreilles, je tiens 1, 2, 3, 4, 5, puis expir, je relâche complètement. Je vais recommencer encore une fois : inspir, je monte les épaules vers les oreilles, 1, 2, 3, 4, 5, expire, je relâche.

Je prends le temps d'observer si j'ai des sensations particulières au niveau de mes épaules ou de mon dos...

À présent, je vais inspirer en poussant ma tête vers l'arrière, comme si je voulais l'enfoncer davantage dans le coussin, en contractant tout mon visage, serrant les mâchoires, les yeux, tous les muscles faciaux, je tiens 1, 2, 3, 4, 5, puis expir, je relâche complètement. Je vais recommencer encore une fois : inspir, contracte toute la tête, le visage, 1, 2, 3, 4, 5, expire, je relâche.

Je prends le temps de ressentir en profondeur toutes les sensations de ma tête, mon visage, puis tout mon corps relâché, détendu.

Je vais à présent me répéter mentalement plusieurs affirmations purificatrices qui vont me permettre de renforcer les qualités associées à un chakra coronal équilibré.

À chaque respiration, je lâche prise sur les attachements qui entravent ma connexion à la sagesse divine, invitant l'énergie d'ancrage de la terre à purifier mon chakra couronne.

J'abandonne tous les doutes ou craintes persistants concernant ma connexion spirituelle, libérant mon chakra couronne des fardeaux inutiles avec l'énergie de soutien de la terre mère.

Avec gratitude, je libère toutes les cordes énergétiques qui me lient à la négativité, permettant à l'énergie d'ancrage de la terre de rétablir l'harmonie de mon chakra couronne.

Mon chakra couronne me connecte à la sagesse divine et à l'énergie universelle. Je suis un vaisseau de lumière divine, guidé par l'intelligence infinie de l'univers. J'ai confiance dans le déroulement divin de ma vie. Je suis ouvert(e) à recevoir les bénédictions et les idées qui découlent des royaumes les plus élevés de l'existence.

Je me libère du poids des pensées égoïstes, j'abandonne les insécurités concernant mon voyage spirituel, je libère tous les blocages émotionnels qui entravent ma connexion aux royaumes supérieurs, et j'embrasse l'énergie nourricière de la terre mère pour renforcer mon chakra couronne.

J'abandonne toute résistance à embrasser la direction divine et je permets à la sagesse de la terre de guider mon évolution spirituelle, apportant l'équilibre à mon chakra couronne.

À présent je prends quelques instants pour laisser ces affirmations infuser en moi, au plus profond de mon être. (…)

Je perçois peut-être les vibrations du cristal posé juste au-dessus de ma tête, ainsi que celles du cristal posé dans ma main. Peut-être que je ressens ces vibrations dans tout mon corps. (…)

À présent, il est temps pour moi de sortir doucement de cette méditation, pour cela je vais prendre à nouveau conscience de la vibration des cristaux qui parcourt mon corps... Je remercie ces cristaux pour l'énergie qu'ils m'ont apportée dans cette méditation. Doucement, je choisis d'arrêter ces vibrations, elles vont s'atténuer, puis se stopper.

Je prends conscience de la vibration du cristal qui persiste à présent uniquement au niveau de ma tête et de ma main... Je choisis d'arrêter ces vibrations, qui vont s'atténuer, puis disparaître. Je prends le temps de ressentir ces vibrations s'atténuer, puis disparaître.

Je suis toujours allongé(e), les yeux fermés, et je vais à présent compter mentalement de 1 à 5. 1, je suis allongé(e), les yeux fermés. Au chiffre 2, je commence à bouger doucement les mains... Au chiffre 3, je bouge doucement les pieds... Au chiffre 4, je peux si je le souhaite prendre un inspir profond, bâiller, soupirer, passer mes mains sur mon visage... Au chiffre 5, je peux ouvrir les yeux.

J'écoute la méditation !

MÉDITATION « CHAKRAS EXPRESS »

Je choisis cette méditation si...

- Je ne sais pas très bien définir mes besoins, mes attentes.
- Je sens que j'ai plusieurs problématiques, sans parvenir forcément à les individualiser.
- J'ai envie de ressentir un bien-être global rapidement !

Je choisis ce cristal si...

Pour cette méditation, le plus simple est de choisir un cristal de référence, type Quartz clair (cristal de roche), ou Améthyste.

Je passe à l'action !

Je suis installé(e) confortablement, allongé(e), mon cristal dans la paume de ma main.

Je ferme ensuite doucement mes yeux et je prends une profonde inspiration, puis j'expire lentement. Je recommence. Avec chaque expiration, je sens mon corps relâcher toutes ses tensions.

Je vais à présent imaginer un lieu paisible et serein.

Je me visualise entouré(e) par une nature luxuriante. Le ciel est d'un bleu azur, avec quelques nuages parsemés ici et là.

Je sens une douce brise caresser mon visage. Je sens l'odeur particulière de la terre humide, de l'humus. Devant moi, j'aperçois un petit sentier qui chemine dans la forêt.

Je commence à marcher lentement sur ce chemin, je ressens le contact du sol sous mes pieds et je perçois le doux bruissement des feuilles dans les arbres, le chant des oiseaux.

Plus je m'enfonce dans cette forêt, plus je ressens une profonde détente, mon corps se relâche de plus en plus, devient plus lourd sur son support.

Je prends le temps d'observer et de ressentir au plus profond de mon être ce que cette forêt luxuriante crée en moi.

Je vais à présent me répéter mentalement plusieurs affirmations purificatrices qui vont me permettre de renforcer les qualités associées à des chakras équilibrés.

Chaque pas que je fais est une danse avec l'énergie de la terre, m'ancrant dans le présent, je suis fermement enraciné(e) dans le sol riche du moment présent. J'ai confiance dans le voyage de la vie, sachant que chaque expérience est une leçon précieuse. Je libère toute résistance et j'accueille le flux naturel de l'univers. Je suis en sécurité, soutenu(e) et connecté(e) à l'abondance divine.

J'honore ma créativité et j'embrasse le flux d'inspiration en moi. Mes émotions sont une source de sagesse, me guidant vers l'équilibre. Je suis ouvert(e) au plaisir et à la joie, me permettant de faire l'expérience de tout le spectre des sensations de la vie. Ma sensualité est une force puissante, qui éveille la passion en moi.

J'abandonne toute résistance au changement et je permets à la sagesse de la terre de guider ma croissance et ma transformation personnelles, apportant l'équilibre à mon chakra du plexus solaire.

Avec gratitude, je libère toutes les cordes énergétiques qui me lient à la négativité, permettant à l'énergie d'ancrage de la terre de rétablir l'harmonie de mon chakra.

L'amour émane de mon chakra du coeur, une source de compassion sans limites. Je suis un canal pour l'énergie de guérison, pour me nourrir et nourrir les autres. Le pardon est mon don, et je libère tous les jugements. Mon coeur est ouvert, attirant des connexions aimantes qui apportent de la joie, de l'harmonie et de l'épanouissement dans tous les domaines de ma vie.

J'abandonne toute résistance à dire ma vérité et je permets à la sagesse de la terre de guider mon expression et ma transformation authentiques, apportant l'équilibre à mon chakra de la gorge.

J'ouvre mon chakra du troisième œil à la sagesse de l'intérieur. L'intuition coule à travers moi sans effort, me guidant vers des idées profondes. Je fais confiance à ma vision intérieure pour me guider sur le bon chemin. Je vois au-delà de la surface, en me connectant avec les vérités les plus profondes de l'existence. La clarté et la compréhension illuminent mon parcours.

Mon chakra couronne me connecte à la sagesse divine et à l'énergie universelle. Je suis un vaisseau de lumière divine, guidé par l'intelligence infinie de l'univers. J'ai confiance dans le déroulement divin de ma vie. Je suis ouvert(e) à recevoir les bénédictions et les idées qui découlent des royaumes les plus élevés de l'existence.

À présent, je prends quelques instants pour laisser ces affirmations infuser en moi, au plus profond de mon être. (…)

Je perçois peut-être les vibrations du cristal posé dans ma main. Peut-être que je ressens ces vibrations dans tout mon corps. (…)

À présent, il est temps pour moi de sortir doucement de cette méditation, pour cela je vais prendre à nouveau conscience de la vibration des cristaux qui parcourt mon corps... Je remercie ces cristaux pour l'énergie qu'ils m'ont apportée dans cette méditation. Doucement je choisis d'arrêter ces vibrations, elles vont s'atténuer, puis se stopper.

Je prends conscience de la vibration du cristal qui persiste à présent uniquement au niveau de ma main… Je choisis d'arrêter ces vibrations, qui vont s'atténuer, puis disparaître. Je prends le temps de ressentir ces vibrations s'atténuer, puis disparaître.

Je suis toujours allongé(e), les yeux fermés, et je vais à présent compter mentalement de 1 à 5. 1 je suis allongé(e) les yeux fermés. Au chiffre 2, je commence à bouger doucement les mains… Au chiffre 3, je bouge doucement les pieds… Au chiffre 4, je peux si je le souhaite prendre un inspir profond, bâiller, soupirer, passer mes mains sur mon visage… Au chiffre 5, je peux ouvrir les yeux.

J'écoute la méditation !

MÉDITATION
« À L'ÉQUILIBRE ENTRE CIEL ET TERRE »

J'ai besoin de faire cette méditation si. . .

- Je me sens déconnecté(e) des énergies de la nature.
- J'ai besoin de me sentir davantage ancré(e).
- J'ai besoin de développer ma part spirituelle.
- J'ai envie d'un temps pour me relaxer en profondeur.

Je choisis ce cristal si. . .

J'ai besoin de m'ancrer et de repousser les énergies négatives : Tourmaline noire.

J'ai besoin de me recentrer et de m'ouvrir à des niveaux spirituels supérieurs : Améthyste.

J'ai besoin de me reconnecter à la nature : Agate mousse.

J'ai besoin d'une profonde relaxation : Améthyste.

Je passe à l'action !

Je suis installé(e) confortablement, allongé(e), un cristal dans une main, mon autre cristal posé au niveau de ma poitrine.

Je porte mon attention sur ma respiration, libre, sans entrave. Je ne modifie rien, juste j'observe ce mouvement de va-et-vient, sans juger, est-ce que c'est trop rapide ? Trop court ? Peu importe, je suis juste là ; installé(e), à respirer tranquillement.

À présent je vais prendre un inspir profond par le nez, puis je fais une rétention poumons pleins sur 1, 2, 3 temps puis j'expire par la bouche en relâchant complètement toute tension. Je vais recommencer cela 3 fois. À nouveau je prends un inspir profond par le nez, puis je bloque sur 1, 2, 3 temps, je relâche en expirant par la bouche. Dernière fois, j'inspire profondément par le nez puis 1, 2, 3, je relâche en expirant par la bouche. J'observe mon corps complètement détendu, relâché et je profite de cette détente. Je ressens les points d'appui de mon corps qui s'enfoncent un peu plus dans le support sur lequel je suis allongé(e).

Je vais à présent porter mon attention sur la plante de mes pieds, et je vais imaginer une lumière, soit blanche et brillante, soit de la couleur que je souhaite, qui me vient spontanément, partir de cette zone pour rejoindre les profondeurs de la terre. Je suis relié(e) à la terre mère. Maintenant, je porte mon attention sur le sommet de mon crâne, et je vais imaginer une lumière, blanche ou autre, partir de ce sommet pour rejoindre le ciel. Je suis à présent relié(e) à mon père le ciel. J'appartiens au ciel et à la terre.

Je suis en équilibre parfait entre la terre et le ciel, leurs énergies se rejoignent en mon centre, au niveau de ma poitrine.

Je vais à présent visualiser différentes images, en commençant par un bel arc-en-ciel dans un paysage verdoyant. Je me tiens au milieu de cet arc-en-ciel, sur la lumière verte, et j'observe de part et d'autre de mon corps les différentes couleurs : rouge, orangé, jaune, et violet, indigo, bleu. (…)

Je me tiens à présent assis(e) dans une belle herbe verte de printemps, fraîche et humide, et je me relie en pensée à une jeune pousse qui sort de terre. J'observe, comme en accéléré, l'évolution de cette jeune pousse. La première tige… La première feuille… Le développement de cette jeune plante pour capter les rayons du soleil, cette énergie de vie venue du ciel... et, ce que je ne vois pas, le développement de ses racines, pour capter l'énergie du sol, cette énergie venue de la terre...

Comme moi, cette jeune pousse est en équilibre parfait entre ciel et terre. Elle appartient, tout comme moi, au ciel et à la terre.

Je porte à présent mon attention sur ma poitrine, où mon cristal est posé, et qui potentialise cette énergie, ce rayonnement émis au niveau de mon coeur. Ce mouvement de va-et-vient, d'inspir et d'expir, de dilatation et contraction. J'accueille et j'offre. Je donne et je reçois. J'aime et je suis aimé(e). Je suis en équilibre entre ciel et terre. Mon coeur est au carrefour de nombreuses choses : le soi et l'autre, l'intérieur et l'extérieur, les chakra supérieurs et inférieurs, l'individualisme et l'esprit de groupe...me concentrer sur la zone de mon coeur, c'est me concentrer sur mes connexions fondamentales.

À présent, je vais en pensée me rendre sur une plage de mon choix, soit une que je connais déjà, soit une plage que j'invente complètement. Je marche pieds nus sur cette plage, je sens le contact du sable sous mes pieds, et j'observe le mouvement des vagues, ce va-et-vient de la mer sur le sable. La vague arrive, s'étend sur le sable, puis avant de se retirer il y a une petite pause, un court moment d'équilibre, puis la mer se retire, redescend, laissant le sable tout humide. Flux et reflux de la mer.

C'est la toute fin de journée, le soleil décline, le ciel s'assombrit, et la lune se lève dans le ciel.

La nuit passe, nous sommes à présent au lever du jour, le ciel s'éclaircit et le soleil apparaît, la lune disparaît progressivement.

Tout est équilibre, et alternance, en moi, et autour de moi. De la même manière que je suis connectée à la fois aux énergies du ciel qui descendent et aux énergies de la terre, qui remontent, tout est équilibre.

Je fais partie intégrante de cette nature, où tout est mouvement de flux et reflux, va et vient incessant de cet équilibre de la nature.

Un nuage arrive, il pleut, l'eau mouille le sable. Le soleil revient, l'eau s'évapore du sable et remonte sous forme de vapeur dans le ciel. Bientôt, cette vapeur se rassemble en nuages, ils se rassemblent, obscurcissent le ciel, et la pluie se remet à tomber.

La jeune pousse qui était sortie au printemps, s'est développée en été, puis a perdu ses feuilles en automne, s'est desséchée en hiver pour disparaître totalement peut-être... Mais elle avait eu le temps de laisser tomber quelques graines qui pousseront au printemps prochain...

Aidé(e) de l'énergie de mes cristaux, je prends conscience de ne faire qu'un(e) avec ce mouvement perpétuel de la nature : cette montée et descente, comme mon inspir et mon expir, ce flux et reflux, ce va-et-vient perpétuel de la vie, en moi, et hors de moi. Je suis en équilibre parfait, dans mon corps, et à l'unisson avec la nature.

Mon corps tout entier participe à ce mouvement naturel d'expansion, dilatation, et de rétraction.

Sous l'action de mes cristaux, je ressens profondément cette dualité inexorable de la vie, et ce court instant où, entre deux mouvements, apparaît ce point d'équilibre... Ce temps suspendu entre mon inspir et mon expir...

Je fais partie de ce mouvement perpétuel de la nature, je suis la vie , je suis l'inspir, je suis l'expir, et je suis ce temps d'équilibre, ce temps suspendu entre les deux.

(...) Je prends encore quelques instants pour ressentir au plus profond de moi la réalité de ce mouvement binaire inhérent à toute vie.

(...)

Puis doucement, je me dirige vers la fin de cette méditation, pour cela je vais prendre à nouveau conscience de la vibration des cristaux qui parcourt mon corps... Je remercie ces cristaux pour l'énergie qu'ils m'ont apportée dans cette méditation. Doucement je choisis d'arrêter ces vibrations, elles vont s'atténuer, puis se stopper.

Je prends conscience de la vibration du cristal qui persiste à présent uniquement au niveau de ma poitrine et de ma main... Je choisis d'arrêter ces vibrations, qui vont s'atténuer, puis disparaître. Je prends le temps de ressentir ces vibrations s'atténuer, puis disparaître.

Je suis toujours allongé(e), les yeux fermés, et je vais à présent compter mentalement de 1 à 5. 1 je suis allongé(e), les yeux fermés. Au chiffre 2, je commence à bouger doucement les mains... Au chiffre 3, je bouge doucement les pieds... Au chiffre 4, je peux si je le souhaite prendre un inspir profond, bâiller, soupirer, passer mes mains sur mon visage... Au chiffre 5, je peux ouvrir les yeux.

J'écoute la méditation !

MÉDITATION DE RÉÉQUILIBRAGE ÉNERGÉTIQUE PAR CHROMATHÉRAPIE

Je choisis cette méditation si...

- Je sens que je suis chargé(e) de mauvaises énergies, suite à des interactions désagréables, ou des situations particulièrement stressantes/chargées négativement (enterrement, visite en hôpital...).
- J'ai envie de méditer avec les couleurs, je me sens attiré(e) par la chromathérapie.

Je choisis ce cristal si...

- J'ai besoin de m'ancrer et de repousser les énergies négatives : Tourmaline noire.
- J'ai besoin de stopper mes schémas de pensée toxique et neutraliser toute énergie négative : Obsidienne.
- J'ai besoin de me protéger d'attaques spirituelles: Améthyste.
- J'ai besoin que les énergies qui m'entourent soient purifiées pour m'apporter harmonie et équilibre : Sélénite.
- J'ai besoin de confiance en moi pour traverser une période sombre : Pyrite.

Je passe à l'action !

Je suis installé(e) confortablement, allongé(e), un cristal dans une main, mon autre cristal posé au niveau de mon 3ème œil ou de ma poitrine.

Je porte mon attention sur ma respiration, libre, sans entrave. Je ne modifie rien, juste j'observe ce mouvement de va-et-vient, sans juger, est-ce que c'est trop rapide ? Trop court ? Peu importe, je suis juste là ; installé(e) , à respirer tranquillement.

À présent, je vais prendre un inspir profond par le nez, puis je fais une rétention poumons pleins sur 1, 2, 3 temps puis j'expire par la bouche en relâchant complètement toute tension. Je vais recommencer cela 3 fois. À nouveau je prends un inspir profond par le nez puis je bloque sur 1, 2, 3 temps, je relâche en expirant par la bouche. Dernière fois j'inspire profondément par le nez puis 1, 2, 3, je relâche en expirant par la bouche. J'observe mon corps complètement détendu, relâché et je profite de cette détente. Je ressens les points d'appui de mon corps qui s'enfoncent un peu plus dans le support sur lequel je suis allongé(e).

Je peux mentalement me répéter « au nom de je suis qui je suis, je me connecte à présent à ma mère, la terre », et je laisse cette connexion se faire. (…)

Je peux à présent mentalement me répéter « au nom de je suis qui je suis, je me connecte à mon père, le ciel», et je laisse cette connexion se faire. (…)

Je suis à l'équilibre entre ciel et terre, connecté(e) à mes racines et à ma part spirituelle.

À chaque inspir, j'imagine une lumière blanche qui pénètre par mes narines et se diffuse dans tout mon corps. À chaque expir, j'imagine un brouillard gris que je rejette hors de moi, loin de moi. Ce brouillard gris représente toutes mes peurs, mes angoisses, mes appréhensions dont je n'ai plus besoin pour avancer.

Je les laisse sortir et partir loin de moi. (…)

Je ressens le contact des cristaux dans ma main, et au niveau de mon 3ème œil, peut-être déjà leur vibration, et les bienfaits de leur énergie qu'ils déversent dans mes corps, physiques, énergétiques. Ils vont potentialiser les effets de cette méditation par leur pouvoir vibratoire.

Dans cette méditation, je vais m'aider des pouvoirs vibratoires des couleurs, mais également de mes cristaux, pour m'aider à me rééquilibrer énergétiquement en profondeur.

Je vais à présent prendre un inspir profond, bloquer quelques instants, puis à l'expir je visualise comme une porte devant moi, une sorte de rideau de couleur bleu ciel, avec des nuances bleu foncé et blanc. Je prends un inspir profond, et en expirant profondément je passe cette porte bleue. (…)

Je prends un nouvel inspir, et je visualise une porte de couleur verte. Je prends le temps d'observer cette couleur, est-ce qu'il s'agit d'un vert tendre, d'un vert foncé, d'un vert pomme… Inspir profond, puis sur un expir profond, je passe cette porte.

Je prends un nouvel inspir , et je visualise à présent une porte de couleur orange. Je prends le temps de regarder patiemment cette couleur orange : est-elle foncée ou claire, électrique ou douce ? Sur un expir profond, je choisis également de passer cette porte.

Sur un nouvel inspir, je visualise une nouvelle porte, celle-ci de couleur noire, brillante, voire même scintillante. Sur mon prochain expir, je passe cette porte.

À mon prochain inspir, je visualise une porte de couleur rouge. Comment est ce rouge ? Vif, tonique ? Ou doux, presque pastel ? Sur un expir, je franchis également cette porte.

Après avoir franchi toutes ces portes colorées, je me retrouve à présent dans un environnement blanc, laiteux, tout autour de moi est immaculé, d'une pureté absolue. Je suis dans le monde éthérique. Je profite de cette merveilleuse sensation de calme, de paix, de pureté.

J'ai laissé derrière moi toutes mes impuretés, en me retournant, je peux percevoir au loin les différentes portes que j'ai franchies : la rouge, la noire, l'orange, la verte, et très loin, la bleue.

Je les observe disparaître, au loin, dans un tourbillon coloré.

Je suis tout à fait bien dans cet environnement d'un blanc immaculé, tout autour de moi n'est que clarté et lumière. La vibration de cette lumière blanche, potentialisée par les vibrations de mes cristaux, me permet de sentir au plus profond de mon être une infinie pureté, un équilibre parfait.

Mon corps énergétique est purifié, nettoyé, parfaitement équilibré. (...)

Puis doucement, je me dirige vers la fin de cette méditation, pour cela je vais prendre à nouveau conscience de la vibration des cristaux qui parcourt mon corps... Je remercie ces cristaux pour l'énergie qu'ils m'ont apportée dans cette méditation. Doucement, je choisis d'arrêter ces vibrations, elles vont s'atténuer, puis se stopper.

Je prends conscience de la vibration du cristal qui persiste à présent uniquement au niveau de mon 3ème oeil et de ma main... Je choisis d'arrêter ces vibrations, qui vont s'atténuer, puis disparaître. Je prends le temps de ressentir ces vibrations s'atténuer, puis disparaître.

Je suis toujours allongé(e), les yeux fermés, et je vais à présent compter mentalement de 1 à 5. 1 je suis allongé(e), les yeux fer-

més. Au chiffre 2, je commence à bouger doucement les mains…
Au chiffre 3, je bouge doucement les pieds… Au chiffre 4, je peux
si je le souhaite prendre un inspir profond, bâiller, soupirer, passer
mes mains sur mon visage… Au chiffre 5, je peux ouvrir les yeux.

J'écoute la méditation !

MÉDITATION DE RÉGÉNÉRATION ÉNERGÉTIQUE

Je choisis cette méditation si...

- Je me sens fatigué(e), physiquement et/ou psychiquement.
- J'ai besoin d'y voir plus clair dans ma vie, je me sens un peu perdu(e).
- Je me sens nerveusement fragile, je m'énerve pour un rien.

Je choisis ce cristal si...

- J'ai besoin qu'on m'insuffle de l'énergie positive : Jaspe rouge.
- J'ai besoin de voir plus clairement les choses dans ma vie : Fluorite.
- J'ai besoin d'être moins nerveux(se) : Améthyste.

Je passe à l'action !

Je suis allongé(e), mon cristal dans ma main dominante, l'autre posé sur mon 3ème œil. Mes yeux sont fermés. Je prends une inspiration profonde, je retiens l'air quelques instants, puis j'expire en ouvrant ma bouche. Je recommence cet exercice 3 fois de suite. (...)

À présent je reprends une respiration tout à fait libre, et j'observe le mouvement de va-et-vient de mon souffle. (...) Je ne cherche pas à le modifier, je l'observe simplement.

Je vais à présent porter mon attention sur les sensations que je perçois au niveau de ma main, et mon 3ème œil, où sont posés mes cristaux. Peut-être que, très subtilement, je vais commencer à percevoir leur énergie, comme une douce vibration envahir ces zones, puis se propager au niveau de mon corps.

Je porte à présent mon attention sur mes poumons. J'imagine qu'ils se remplissent de lumière, de la couleur de mon choix. Je visualise cette lumière colorée rentrer à l'inspir par mes narines, descendre dans ma gorge, et s'écouler jusqu'à mes poumons. À chaque expir, cette lumière s'écoule davantage et envahit toutes les alvéoles de mes poumons ; et bientôt l'entièreté de mes poumons se retrouve dans cette belle teinte lumineuse.

Je porte à présent mon attention sur ma colonne vertébrale, et cette lumière colorée va venir s'écouler le long de chaque vertèbre, en partant des vertèbres cervicales en haut, pour descendre doucement jusqu'au coccyx. Ma respiration se trouve à l'intérieur de ces vertèbres, de cette colonne vertébrale.

Mon attention va se porter maintenant sur les muscles qui supportent ces vertèbres, et la lumière colorée va venir envahir tous ces muscles. Je perçois ma respiration dans mes muscles autour de ma colonne vertébrale, mais également dans les muscles de mes bras, tous les muscles de mon dos. J'observe la lumière colorée s'étendre au niveau de tous ces muscles.

Cette lumière va venir à présent inonder ma région du coeur, et en portant mon attention sur cette zone, je perçois mes battements cardiaques, ce mouvement de va-et-vient, de contraction dilatation, je ressens mon pouls qui pulse dans mes veines et mes artères, diffusant cette lumière colorée partout dans mon corps.

Sur mon flanc gauche, je perçois cette force de vie, cette vibration essentielle de mon rythme cardiaque, cette zone où se trouve ma rate, qui semble elle aussi animée de mouvements de contraction/dilatation.

Au niveau de ma région lombaire, vers la zone des reins, je perçois cette lumière colorée s'étendre, et provoquer un doux échauffement, qui remonte le long de la colonne vertébrale, et pénètre profondément au niveau de mes reins.

Cette énergie douce et chaude et cette lumière colorée envahissent toute cette zone, puis remontent jusqu'au niveau de mon foie, en profondeur sur mon flanc droit.

Une chaleur, comme un fourmillement, envahit toute ma cavité abdominale, et remonte au niveau de mon estomac.

Je perçois l'entièreté de mon corps calme, apaisé, vibrant à une fréquence particulière. Grâce à l'énergie vibratoire des cristaux, et à cette lumière colorée, mon corps vibre à un taux vibratoire supérieur. Je ressens profondément les effets de cette vibration particulière, qui me procure un bien-être profond. Chaque cellule de mon corps profite de cet effet vibratoire.

L'harmonie règne dans mes corps, physique et énergétique, l'engendrement des énergies y est parfait.

Je peux peut-être percevoir des mouvements énergétiques dans mon organisme, comme des courants énergétiques qui parcourent mon corps, des pieds à la tête, de l'intérieur vers l'extérieur, et inversement, de la gauche vers la droite, de la droite vers la gauche …

Peut-être également des flux énergétiques en partant des zones d'appui des cristaux…

Je suis immergé(e) dans cette fréquence vibratoire idéale pour la régénération de mes corps, physique et énergétique.

À chaque inspir, je me nourris de cette harmonie vibratoire parfaite, à chaque expir j'élimine toute souillure, toute impureté hors de mon organisme.

J'inspire, je me dilate. J'expire, je rejette toute source de blocage, de mauvaise circulation (x3) (…)

À chaque fois que j'effectue ce cycle d'inspir/dilatation, expir/élimination, je me purifie, me régénère en profondeur. (…)

Puis doucement, je me dirige vers la fin de cette méditation, pour cela je vais prendre à nouveau conscience de la vibration des cristaux qui parcourt mon corps… Je remercie ces cristaux pour l'énergie qu'ils m'ont apportée dans cette méditation. Doucement, je choisis d'arrêter ces vibrations, elles vont s'atténuer, puis se stopper.

Je prends conscience de la vibration du cristal qui persiste à présent uniquement au niveau de mon 3ème oeil et de ma main… Je choisis d'arrêter ces vibrations, qui vont s'atténuer, puis disparaître. Je prends le temps de ressentir ces vibrations s'atténuer, puis disparaître.

Je suis toujours allongé(e), les yeux fermés, et je vais à présent compter mentalement de 1 à 5. 1 je suis allongé(e), les yeux fermés. Au chiffre 2, je commence à bouger doucement les mains… Au chiffre 3, je bouge doucement les pieds… Au chiffre 4, je peux si je le souhaite prendre un inspir profond, bâiller, soupirer, passer mes mains sur mon visage… Au chiffre 5, je peux ouvrir les yeux.

J'écoute la méditation !

MÉDITATION GUIDÉE POUR ENFANT AVEC CRISTAL

Je propose cette méditation à mon enfant si...

- Il a du mal à s'endormir, il fait beaucoup de cauchemars.
- Il se sent angoissé, triste ou en colère.
- Il en a envie !

Je choisis pour mon enfant ce cristal si...

- Mon enfant a besoin d'apaisement et de calme : Quartz rose.
- Mon enfant a du mal à se faire des amis, se sent en manque d'affection : Tourmaline.
- Mon enfant a du mal à calmer ses colères et/ou sa tristesse : Améthyste.
- Mon enfant n'arrive pas à dormir, fait beaucoup de cauchemars : Agate rose ou blanche.
- Mon enfant se sent anxieux, a peur de dormir : Ambre.

Je passe à l'action !

Le cristal peut-être posé au niveau de ventre de l'enfant, un seul est suffisant pour la séance.

Attention, l'enfant doit être suffisamment grand pour savoir qu'il ne faut pas porter la pierre à sa bouche, n'oubliez pas de lui enlever le cristal à la fin de la séance.

Vous pouvez lui lire la séance, ou lui faire écouter l'audio , à vous de choisir !

Je t'invite à t'allonger sur ton lit, de manière confortable, avec tes peluches préférées, ton doudou peut-être. Tu peux même inviter ton animal de compagnie, par exemple ton chat, si tu es sûr(e) qu'il ou elle sera bien calme durant toute la méditation. Il ne faudrait pas qu'il décide de jouer pendant que tu te relaxes !

Si tu as envie, tu peux doucement fermer les yeux, comme les volets d'une maison que l'on ferme le soir.

À présent, prends une profonde inspiration, comme si ton ventre était un ballon.

Souffle doucement par la bouche, tu peux poser une peluche ou ton doudou sur ton ventre et sentir qu'il monte et qu'il descend, comme s'il était sur un radeau, sur la mer, avec les vagues qui le font monter et descendre. Tu sens peut-être aussi ton cristal posé sur ton ventre, lui aussi est sur le radeau, il monte et il descend !

Respire à nouveau complètement librement. Essaie de sentir, sans bouger, les parties de ton corps en contact avec ton lit, ton oreiller. Ta tête, tes bras, ton dos, tes jambes, tes talons. Écoute ta respiration naturelle. Est-ce que tu arrives à l'entendre ?

Observe toutes les sensations dans ton corps (ça picote ? Ça chauffe ? C'est froid ? C'est agréable ?). Sens ton corps qui se relâche. À chaque fois que tu expires, que l'air sort de ta bouche ou de ton nez, tu te relâches de plus en plus, tu deviens tout mou comme un spaghetti trop cuit.

Imagine maintenant une poudre magique. Une poudre toute douce, légère. Une poudre qui rend les choses calmes, détendues.

Tu peux lui donner une couleur si tu veux. Une couleur de calme, qui te plaît.

Imagine qu'une fée passe au-dessus de toi, et jette doucement cette poudre sur ta tête. À son contact, toute ta tête se détend. Ton cuir chevelu se relâche. Cette poudre magique vient caresser ton front et il devient tout lisse.

Tes paupières ont reçu aussi de la poudre magique, et elles deviennent lourdes, elles retombent sur tes yeux comme des rideaux. Dessous, tes yeux se reposent.

Les côtés de ton nez se relâchent. Tu sens l'air aller et venir doucement dans tes narines. En respirant, la poudre magique rentre dans tes narines, et vient détendre tout l'intérieur de ton corps.

Sens comme ton corps devient comme un spaghetti bien cuit, tout mou, de l'intérieur.

La poudre magique descend sur tes pommettes, tes joues, ta bouche.

 Tes dents se desserrent. Prends un petit temps pour ressentir toute ta tête : qu'est-ce qu'il se passe ? Qu'est-ce que tu sens ? Des picotements, de la chaleur… ?

Maintenant, la poudre magique tombe sur ton cou, tes épaules. Tu les sens se relâcher et devenir tout mous. La poudre descend le long de tes bras, elle s'éparpille tout autour de tes coudes, de tes poignets, de tes mains et sur chacun de tes doigts.

Tu sens comme tes bras deviennent plus lourds, ils sont tous mous, toujours comme des spaghettis bien cuits. Tu vas devenir un vrai plat de spaghettis !

Sens comme ton cou et tes bras sont maintenant détendus.

La poudre magique a réussi à se glisser derrière, sous ton dos. C'est à son tour de se détendre. Imagine-le s'enfoncer dans le matelas, comme dans du sable, tu sais quand tu es à la plage et que tu t'allonges sur le sable bien chaud. Essaie de ressentir toutes les sensations dans ton dos.

Tu vois à présent la fée repasser au-dessus de toi et te jeter à nouveau de la poudre magique, elle s'éparpille sur ta poitrine.

Sens comme elle se soulève doucement quand tu respires, puis retombe, tranquillement. La poudre glisse sur ton ventre. Observe ses mouvements. Comme il se soulève, puis redescend à chacune de tes respirations. Tu te souviens du radeau sur la mer de tout à l'heure ?

Tu vas à présent monter sur ce radeau, et sentir ce mouvement, tu sais, quand une vague passe, ça monte, et puis ça redescend. Fais ça sur quelques respirations, à ton rythme. Qu'est-ce que cela fait dans ton corps quand tu respires comme cela ? Sens comme tout le haut de ton corps est maintenant agréablement calme.

Décidément, la fée avait beaucoup de stock de poudre magique ! Voilà qu'elle repasse et t'en jette à nouveau ! La poudre tombe maintenant tout le long de tes jambes, en passant par tes genoux, tes mollets, tes chevilles et tes pieds jusqu'au bout de tes orteils. Tu sens peut-être tes jambes devenir toutes molles. Est-ce qu'il y a d'autres sensations ?

Imagine la poudre magique répandue sur tout ton corps, de la tête jusqu'aux pieds. Observe toutes les sensations dans ton corps. Il est peut-être plus lourd, ou plus léger, plus mou, plus chaud... Ta respiration est douce.

Tu es bien, tu flottes, paisiblement. Souviens-toi que cette poudre est magique. Tu peux l'utiliser dès que tu en as besoin.

À présent, si tu as envie, tu peux rester dans cette douce sensation de détente et t'endormir paisiblement (en pensant bien à enlever la pierre posée sur ton ventre) ou si ce n'est pas l'heure de dormir, tu peux revenir tranquillement à tes activités.

Inspire profondément pour te donner de l'énergie. Souffle fortement. Respire naturellement. Tu peux commencer à bouger légèrement tes mains, tes pieds. Si tu en ressens le besoin, tu peux t'étirer comme un chat qui se réveille. Et lorsque tu seras prêt(e), tu pourras ouvrir les yeux !

J'écoute la méditation !

LE CRISTAL COMME OBJET DE MÉDITATION...

- Pour démarrer, afin d'augmenter ma conscience et ma réceptivité globale, je peux faire une expérience très simple : je tiens dans ma main mon cristal pendant 15 minutes. Sans être particulièrement sensible, je peux m'apercevoir qu'il se passe quelque chose dans ma main : des vibrations, des fourmillements ou autres remontent le long de mes bras. Ces sensations témoignent des processus énergétiques générés par le cristal, en rapport avec la modification énergétique de notre aura. À moi de comparer les sensations perçues en fonction du cristal, de mon état d'être, du moment de la journée...

- Ensuite, je peux prendre le temps d'observer les différences de sensations que j'éprouve avant, pendant et après chaque session de méditation, la sagesse des cristaux étant parfois très subtile. Je n'oublie pas de noter mes observations.

MÉDITATION DE CONTEMPLATION DU CRISTAL

Je pose le cristal de mon choix à une distance d'environ 50 cm, à hauteur de mes yeux, ou au sol.

Je m'installe confortablement, assis(e) de préférence, et je prends 3 inspirations profondes.

Je ferme mes yeux, et je reprends une respiration complètement libre. Je la suis quelques instants. (…)

J'ouvre les yeux, je regarde mon cristal posé devant moi, pendant une minute environ.

Sans bouger, je referme les yeux, à l'écoute des sensations de mon corps, des ressentis de mon esprit.

Sur un inspir, je rouvre les yeux, puis je prends ce cristal dans les mains, je le garde quelques instants dans les mains, tout en l'observant attentivement. Je peux le tourner, pour l'admirer sous ses différentes facettes.

Au bout de quelques minutes, je le repose à sa place initiale, je referme les yeux, j'observe mes sensations et ressentis.

Sur un inspir, je reprends le cristal dans les mains, mais cette fois-ci en laissant les yeux fermés. Je laisse l'énergie du cristal agir dans mes mains.

J'observe attentivement mes sensations et ressentis physiques et psychiques. Peut-être que je ne ressens rien de particulier, c'est OK aussi.

Je ne me force pas à ressentir quoi que ce soit, nous sommes plus ou moins réceptifs à certains cristaux et selon les moments, notre sensibilité peut également varier. C'est tout à fait OK de ne rien ressentir avec ce cristal, aujourd'hui, c'est intéressant à noter.

Je termine tranquillement cette méditation de contemplation, en reposant le cristal, j'observe comment je me sens, quelle est mon énergie du moment, peut-être que je ressens une émotion particulière ?

Que je ressente quelque chose ou non, je prends le temps de noter mes observations par écrit, pour pouvoir les comparer avec un autre cristal, ou le même, mais à un autre moment.

J'écoute la méditation !

MÉDITATION CENTRÉE SUR LE CRISTAL

Je choisis le cristal avec lequel j'ai envie d'approfondir ma relation : mieux le connaître, comprendre ses effets sur moi.

Il est bon de noter les sensations ressenties durant cette méditation (y compris s'il n'y a rien eu ce jour-là, avec ce cristal), physiques et émotionnelles.

Ce carnet sera très précieux pour votre travail avec les cristaux, vous pourrez ainsi savoir quel cristal vous conviendra le mieux en fonction de votre état d'être du moment.

Je m'installe confortablement, de préférence allongé(e) dans un lieu calme où je ne serais pas dérangé(e).

Je place le cristal choisi pour cette méditation dans ma main gauche.

Je laisse mes yeux se fermer, et je porte mon attention sur ma respiration. Je ne change rien, tout est parfait comme ça, juste j'observe. L'inspir, l'air pénètre au niveau de mes narines. (…). L'expir, l'air plus chaud ressort au niveau de mes narines. (…). Je peux également focaliser mon attention sur les mouvements de mon abdomen, qui se soulève à l'inspir, et se baisse à l'expir. (…)

À présent, je porte mon attention sur les sensations au niveau de ma main gauche, là où est posé mon cristal.

Peut-être vais-je commencer à ressentir son énergie subtile, remonter le long de mon bras gauche, pénétrer dans l'épaule, se répandre dans ma poitrine, puis descendre au niveau de mon bras droit, jusqu'à ma main droite, au niveau des doigts de la main droite.

Je sens cette énergie se répandre petit à petit dans tout mon corps, en un flot doux et régulier, jusqu'à ce qu'elle s'échappe par le sommet de ma tête et la plante de mes pieds.

À présent, je prends conscience de l'espace autour de mon corps, alors que la vibration du cristal m'enveloppe complètement de son énergie cristalline.

Je ressens profondément cette énergie cristalline dans l'entièreté de mon organisme, à chaque inspir, cette énergie du cristal s'ancre encore plus profondément dans tout mon être.

Je suis ce cristal, je vibre à sa fréquence cristalline. Je suis en fusion totale avec ce cristal. (...)

Cette énergie cristalline me permet d'être encore plus profondément relaxé(e), et je perçois au plus profond de mon être les effets que ce cristal me procure.

Je flotte sur ce nuage d'énergie cristalline, en profitant de tous les bienfaits qu'il m'offre. (...)

Quand je me sentirai prêt(e), je laisserai mon corps revenir très tranquillement. Je prends conscience des points d'appui de mon corps sur le support, je peux inspirer profondément, peut-être m'étirer, bailler, soupirer, quand j'en aurai envie, je pourrai commencer à bouger doucement les doigts, les pieds...

Je prends conscience de mon environnement, de mon cristal posé dans ma main gauche, je le remercie pour cette méditation qu'il m'a offerte et je choisis d'arrêter ses vibrations.

Je reviens tranquillement ici et maintenant, et quand je me sentirai prêt(e), je pourrai ouvrir les yeux et terminer cette méditation.

J'écoute la méditation !

FAQ

Comment nettoyer, purifier, recharger mes cristaux ?

N'oublions pas qu'un cristal, même si nous privilégions le commerce éthique et responsable, a sans aucun doute été sorti d'une mine à coups d'explosifs, ramassé par des gens qui n'étaient pas nécessairement dans une vibration spirituelle, est passé de main en main et a gardé en lui toutes ces mémoires. Il est important de purifier cette mémoire énergétique, de le remettre « à neuf ».

De même, après chaque utilisation du cristal, il est bon de le nettoyer, les cristaux étant enclins à absorber le stress émotionnel et les autres champs d'énergie.

Il existe de nombreuses techniques : le passer sous l'eau claire, l'immerger dans un verre d'eau, le mettre en contact avec la terre, avec le soleil, la lune (particulièrement la pleine lune) sont les plus couramment utilisés.

Mais vous pouvez aussi le placer dans une coquille d'abalone ou d'ormeau, le passer au-dessus d'un cône d'encens, utiliser les vibrations d'un bol tibétain…

Les techniques sont tellement variées que vous pourrez réellement laisser libre cours à votre intuition. Il n'y a pas de mauvaise action pour purifier son cristal si l'intention de base y est, assurez-vous seulement des caractéristiques physiques de votre cristal auprès de votre fournisseur (par exemple, la sélénite ne supporte pas le contact avec l'eau !) pour ne pas risquer de l'endommager.

Est-ce que les cristaux peuvent me soigner, me guérir ?

Les cristaux peuvent nous apporter un profond bien-être et se montrer particulièrement efficaces, surtout chez des personnes réceptives à leur vibration. La pratique de la méditation, potentialisée par l'usage des cristaux, peut nous aider dans nos souffrances, physiques et/ou psychiques.

En revanche, ils ne se substituent pas à un avis et un traitement médical.

En aucun cas, un traitement ne doit être interrompu sans avis médical.

Est-ce que je suis oblige(e) de choisir les cristaux suggérés pour chaque méditation ?

Absolument pas ! Il s'agit de suggestions, après il est important de laisser parler votre intuition et votre inspiration saura vous guider dans le choix de vos cristaux, faites-vous confiance !

De même, si vous pratiquez régulièrement les méditations de reliance aux cristaux, vous saurez mieux que n'importe qui, quel cristal sera le plus adapté à votre problématique du moment.

BIBLIOGRAPHIE

Le pouvoir des cristaux

Hazel Raven- Éditions Artémis

Méditations guidées avec les cristaux

Jean-Luc Hayoun- Éditions Recto-Verseau

Les 7 piliers de la guérison par les cristaux

Monique Wagner

Affirmations quotidiennes des chakras

Libérez vos centres énergétiques- Viles Ramnath- First Édition

Les 10 pierres incontournables en lithothérapie

Anne Genest- l'essence des pierres.

À paraître, dans la même collection :

MÉDITER AVEC... LES ARBRES CELTIQUES

MÉDITER AVEC... LE TAROT

yogameditationbretagne@gmail.com